KB088636

퇴사 말고, 사이드잡

퇴사 말고,
사이드잡

원부연 지음

**월급에서 자유롭고 싶은 당신을 위한
두 번째 밥벌이 가이드북**

카시오페아
Cassiopeia

발전적인 미래를 고민하는 이들에게

2019년 어느 날에 '커리어 모더레이터(Career moderator, 진로설계사)'라는 직업을 가진 분과 만났다. 두 단어의 조합이 생소해서 적당한 경계와 호기심을 함께 가졌다. 그리고 그와의 짧은 식사 자리에서 그 한 해 가장 기억에 남는 말을 들었다. 어쩌면 내 인생에서 가장 충격적인 한 마디 중 하나였을 것이다.

얼마 전 무척 예의가 없는 사람을 만났다는 그는, 그런 이들에게 꼭 해 주는 말이 있다며 농담처럼 다음과 같이 말했다.

"당신은 평생 지금의 직장에서 일하게 될 거예요."

나는 순간 '그건 칭찬이고 덕담이잖아요.' 하는 심정이
되었다.

평생직장이라든가 정년보장이라든가 하는 단어는 일하
는 사람들에게는 하나의 이상향 같은 것이다. 특히 대학에
서 시간강사로 한참 일했고, 맥도날드 물류상하차, 대리운
전 등 불안정한 노동으로 생계를 영위했던 나로서는 예의
없는 사람에게 하는 말이라고 생각하기 어려웠다. 내 표정
을 읽은 그는 그 말의 본뜻을 해석해 주었다.

"그건 그의 인생에서 더는 아무런 발전 없이 지금의 자리에
평생 머물라는 뜻이에요. 정말로 무서운 말이죠?"

해석을 듣고야 나는 수긍할 수 있었다.
창업과 퇴사는 지난 몇 년간 출판업계를 비롯해 우리 시
대의 주요하고 뜨거운 키워드였다. 그러나 무리한 창업과

대책 없는 퇴사는 개인에게 행복을 주지 못했다.

치킨집을 차렸다가 본인의 인생도 튀겨지고, 잠시 쉬려다가 오래 쉬게 되어버린 이들을 우리는 주변에서 많이 보았다. 핑크빛 미래를 꿈꾸며 시작했으나 악몽으로 끝나는 그들을 보며 사람들은 이러지도 저러지도 못하게 되었다. 《퇴사 말고, 사이드잡》은 그러한 두려움에 현실적인 대안과 제안을 동시에 주는 책이다.

퇴사 후, '원부술집' 등 다양한 문화공간을 운영해 온 저자는 창업과 퇴사 이후의 키워드로 '사이드잡'을 제시한다. 그 실천 방법을 요약하자면 반드시 직업을 유지하며 안정적으로 공부나 경험을 병행하다가 확신이 생겼을 때 그것을 본업으로 삼으라고 한다. 그래야 실패 확률을 줄일 수 있다는 것이다.

얼마 전 출판전문지에 2019년의 출판키워드로 '사이드 프로젝트'라는 것을 추천하고 관련한 글을 쓴 일이 있다. 나는 벌이에 있어 본체가 아닌 '사이드'의 개념을 커리어 모더레이터와의 만남 이후 깨닫게 되었다. 하지만 이 책의 저자인 원부연 작가를 비롯해 이 책에 등장하는 인물들은 먼저 이를 알고 '사이드잡'이라는 새로운 시대의 흐름을 견인하고 있었던 것 같다.

이 책을 읽는 것은 이제 막 도도히 흐르기 시작한 한 시대의 가장 격렬한 흐름을 읽는 일이다. 지금을 읽고, 미래를 준비해야 하는 사람이라면 《퇴사 말고, 사이드잡》을 꼭 읽어 볼 것을 추천한다.

김민섭_《대리사회》 저자, 북크루 대표

지금 하고 있는 일이
만족스럽지 못한 이들에게

다소 민망한 이야기지만, 저는 사회생활 대부분을 Founder/CEO라는 거창한 직함을 달고 살았습니다. 제게 있어서 일이 '생계 수단'이었던 적이 없습니다. 운 좋게 넉넉한 배경에서 태어난 덕에 일한다면 마땅히 우선적으로 고민하는 물질적인 보상에서 자유롭게, 제가 원하는 일을 찾아서 할 수 있었죠.

그렇기에 저는, 저와 함께 일하는 분들을 포함, 일할 때 물질적인 보상이 아닌 다른 무엇(그것이 사명감이 되었던, 문제 해결에 대한 갈증이 되었던)을 위해 일해야 한다고 생각했고, 그러기를 바랐는지도 모릅니다.

고백건대 실제 창업 초기에는 팀원들에게 '왜 나만큼 일에 주인의식을 느끼지 못하는 거지?'라고 생각하며 섭섭하기도 했습니다.

하지만 "지분도 안 주면서 왜 주인의식은 요구하나."라는 누군가의 일갈처럼 지극히 당연한 현실을 마주하게 되었죠. 그리고 사람마다 여러 이유로 일에 대한 태도가 다를 수밖에 없다는 것을 알게 되었습니다. 또한 비전, 동기부여, 보상, 처우 등 여러 현실적인 부분들의 중요성도 점점 알아가게 되었습니다.

또 한편으로 일이라는 것, 직업이라는 것에 대한 근본적 물음에 대한 고민도 깊어질 수밖에 없었습니다.

나에 대해 깊이 고민하는가, 내가 원하는 것이 무엇인지 정확히 아는가, 내가 원하는 것을 얻기 위해 어떤 노력을 하는가, 지금 나는 원하는 일을 하고 있는가, 나는 일과 함께 성장하고 있는가, 나는 다음 스텝으로 무엇을 원하는가, 다음 스텝을 위해 나는 무엇을 준비하고 있는가.

저는 운 좋게 처음 일을 시작하면서부터 초점이 '내가 원하는 일'이었습니다. 감사하게도 물질적 보상을 염두에 두지 않았기에 더욱 일에 집중할 수 있었고 성장할 수 있었습니다. 내가 선택한 것이 정말 내가 좋아하는 일이 맞다는 즐거운 마음으로 말이죠.

혹시 지금의 자리에서 고민하는 분이 있다면, 저는 이렇게 묻고 싶습니다.

"지금 하고 있는 일이 본인이 하고 싶은 일이 맞나요?"

오며 가며 자주 뵙는 멀티태스킹의 달인 원부연 씨의 《퇴사 말고, 사이드잡》은 저의 이 물음에 바로 답을 할 수 없는 사람들을 위한 책입니다.

이 책에는 다양한 영역에서 '일'에 대해 고민하는 분들이 여러 형태로 답을 찾아가는 과정을 담고 있습니다. 특히 저와 함께 복잡다단한 일을 헤쳐나가는 분의 인터뷰가 담겨 더 뜨끔하면서도 정이 가는 책이기도 합니다.

　지금 자신의 직업, 자신의 길을 고민하고 있다면《퇴사 말고, 사이드잡》을 읽어 보시길 권합니다. 물음표로 가득했던 머리속이 하나의 커다란 느낌표로 변할 것입니다.

정경선_루트임팩트 CIO, HGI CEO.

퇴사 말고, 사이드잡입니다

평생직장은 사라졌다

평생직장이 사라졌다는 건 이미 모두가 알고 있는 사실입니다. 언급하기조차 입 아플 정도죠. 이와 관련된 수많은 책이 이미 10년 전부터 나왔습니다. 핵심은 시대별로 조금씩 달랐지만요.

초기의 책들은 내 '몸값'을 높여야 한다는 조언으로 시작합니다. 똑똑하게 이직하기, 연봉 올리기, 회사가 알려주지 않는 수십 가지 비밀들. 제한된 직장 생활과 조직 안에서 조금 더 좋은 조건으로 살 수 있는 실질적인 이야기들을 알려주었죠.

그러다 어느 날 별안간 '창업'이 화제가 되었어요. 특히 장사에 관한 이야기가 많았습니다. 장사의 신이 되는 법 같은 제목들이 눈에 띄었죠. 이는 프랜차이즈 가게들이 성황이던 시기와도 맞물려 있습니다. 은퇴 후 많은 분이 고민했던 방향이기도 했고요.

역시 장사는 쉽지 않은 법. 이후에는 1인 기업, '퍼스널 브랜딩'의 중요성을 어필합니다. 조직에서의 내가 아닌, 진정한 내 브랜드를 만들어야 한다는 취지였죠. 회사를 다니건 창업을 하건 어떤 방향으로 갈지에 앞서 내가 어떤 사람인지를 파악해야 함을 강조합니다.

다음 이슈는 '퇴사'였습니다. 한번 사는 인생, '소확행(소소하지만 확실한 행복)'을 추구하며 하고 싶은 일을 하라는 메시지를 던졌죠. 회사 내에서 월급 받으며 스트레스 받는 것보다 퇴사 후 자유로운 나만의 시간을 소중히 여기라고 말합니다. 벌이는 인생에서 크게 중요하지 않다면서 말이죠.

하지만 직후, '퇴사 준비생'이라는 단어가 등장합니다. 당장 퇴사하면 뭐 먹고살 건데? 그래도 어느 정도 준비를 한 다음 회사를 그만둬야 하지 않을까? 이런 목소리들이 나오기 시작한 것이죠. 다양한 비즈니스 인사이트를 찾으며 먼저 시각을 넓혀 보라 권합니다.

자, 그러면 그다음에는 어떤 이야기가 나올까요? 저는 단연코 '사이드잡'이라고 말하고 싶습니다. 평생직장은 사라졌지만 자본주의 사회에 사는 우리는, 끊임없이 밥벌이 궁리를 해야 하기 때문이죠. 회사 생활 이후의 밥벌이는 어떻게 해야 할지, 사이드잡을 통해 준비가 필요한 이유입니다.

퇴사가 아닌,
두 번째 밥벌이 준비를 위한 '사이드잡'

두 번째 밥벌이 준비는 누구에게나 필요하지만 절대 퇴사 이후가 되어서는 안 됩니다. 지금의 안정적인 월급이라는 밥벌이를 유지하면서 그다음을 준비해야 하는 이유죠.

8개의 사이드잡을 동시 진행 중인 박해욱 기자는 이렇게 조언합니다.

"나만의 두 번째 밥벌이 아이템을 찾기 위해서는 다양한 아이디어와 새로운 시도가 필요해요. 그런데 그러기 위해서는 안정적인 소득이 핵심입니다."

맞아요. 안정적인 소득. 그게 있어야 사이드잡으로 시너지를 낼 수 있습니다. 현재의 벌이 때문에 스트레스를 받고 있다면, 좋은 아이디어가 있어도 감히 실행해볼 엄두를 낼 수 없죠. 여유 있는 상황에서 더 좋은 아이템을 발굴할 수 있습니다.

어느 정도 연차가 쌓인 직장인이라면 여러 가지 생각이 들 수밖에 없습니다. 조직에서 의미를 찾지 못해 고민도 많을 테고요. 하지만 무작정 퇴사하기 보다는, 회사라는 안정적인 울타리 안에서 사이드잡으로 두 번째 밥벌이에 대한 연습을 치열하게 해보시길 권합니다. 퇴사 후 쉽게 선택하는 창업이라는 시장은 결코 만만하지도 순탄하지도 않기 때문이죠. 설사 그것이 내가 좋아하는 일이어도, 관심 있는 아이템이어도 창업이라면 절대 쉽지 않습니다.

저의 첫 음주문화공간 브랜드 '원부술집'이 탄생할 수 있었던 것도, 광고회사에 다니면서 사이드잡으로 운영해 본 '아름다운시절' 경험 덕분입니다.

당시 충분한 사장 인턴십을 했다고 생각해서 시작했지만, 창업가로서의 본격적인 삶은 단 하루도 수월하지 않았죠. 그래도 사이드잡으로 제대로 된 훈련을 했기에, 그나마 창업가로서 안정적인 첫발을 디딜 수 있었습니다. 그저 무작정 퇴사를 하고 시도했다면 실패할 확률도 높았을 테죠. 경험을 통한 데이터를 충분히 쌓았기에 내 공간 브랜드를 시작할 수 있는 밑거름이 되었습니다.

**월급 노예에서 벗어나고 싶은 당신을 위한
'실전 사이드잡 가이드북'**

사이드잡을 통해 각자의 길을 찾은 후 퇴사, 이후 나만의 길을 가고 있는(혹은 잘 준비된) 사람들의 솔직한 이야기를 들려주고 싶었습니다. 그래서 광고회사에 다니다 '술집 등 9개의 공간 창업'을 하게 된 저 원부연 외에 실제로 퇴사

전 성공적인 사이드잡을 준비한 혹은 하고 있는 4인의 이야기를 준비했습니다.

이들이 어떤 과정을 통해 두 번째 밥벌이를 준비했는지, 그 생생한 과정이 지금부터 펼쳐집니다. 이 과정은 지식 콘텐츠 플랫폼 '폴인'에서 진행했던 워크숍, '퇴사레시피'를 기반으로 시작된 여정이기도 합니다.

내가 가장 잘할 수 있는 사이드잡은 어떤 형태일까요? 회사를 뛰쳐나가 먼저 시작한 사람들은 과연 잘하고 있을까요? 등장인물들 소개 후 바로 시작합니다.

이 책의 등장인물

• 원부연 : 전 광고 기획자, 현 '음주문화공간' 기획자

광고회사 9년 차에 3개월간 단골술집(신촌 '아름다운시절')을 인수 및 운영한 뒤, 퇴직금만 가지고 자신의 공간 브랜드 '원부술집' 론칭, 4년 만에 '모어댄위스키', '신촌극장', '신촌살롱' 등 8개의 공간을 더 열고 2권의 책을 썼다. 수많은 직장인이 무작정 퇴사 후 연습 없이 도전한다는 것을 알고, 직장과 병행하며 두 번째 경력을 준비하는 현실적인 방법을 강의하고 있다.

• 박해욱 : 〈서울경제〉기자, '8개의 사이드잡' 동시 진행 중

올해로 13년 차 〈서울경제〉 기자. 직장으로부터의 안정적 소득을 굳건히 지키며 'N잡러'의 세계에 입문했다. 사회에서 만난 파트너들과 함께 5개의 법인을 설립했고 몇몇 창업 기업의 사외이사를 겸하고 있다. 창업 성공 공식을 찾기 위해 팟캐스트 '달고나(달콤한 고생 나의 창업 이야기)'를 운영하기도 했다.

• 이선용 : 전 은행원, 현 '스튜디오 봄봄' 대표

9년간의 우리은행 은행원 생활 끝에 창업. 장강명, 조남주 등 국내 유명 소설가의 '초단편 소설' 및 웹소설 플랫폼 '판다플립'과 짧은 글쓰기 공유 플랫폼 '새벽두시'를 운영한다. 2017년 10억 원을 투자받은 후 퇴사한 뒤 창업가 생활에 전념하고 있다. 최근에는 매거진 〈언유주얼〉을 창간해 5호까지 출판했다.

- 김홍익 : 전 대기업 직장인, 현 '안전가옥' 대표

2009년 삼성전자에 입사해 미디어솔루션센터 콘텐츠서비스팀에서 일하다 카카오 전략실로 옮겼다. 역사와 IT 그리고 장르문학을 좋아한다. 자칭 톨킨의 '빠(극렬하게 한 대상을 좋아하는 사람 혹은 무리를 지칭)'인 그는 장르문학 창작자들이 올 수 있는 멋진 공간을 만들고 싶다는 생각을 하다 소셜벤처투자회사 HGI와 의기투합해 성수동에 '안전가옥'이라는 공간을 열었다.

- 홍일한 : 전 대기업 직장인, 현 '와이낫미디어' 이사

CJ ENM에서 콘텐츠사업전략, 스튜디오 드래곤에서 드라마 사업전략, SK텔레콤에서 콘텐츠와 플랫폼 펀딩 및 투자전략 등 콘텐츠 중심의 경력을 쌓았다. 최근 '와이낫미디어' C레벨로 이직, 시리즈B 투자유치를 시작, 더욱더 공격적으로 경력을 확장하는 중이다.

목 차

1장 두 번째 밥벌이에 성공한 사람들

2장 두 번째 밥벌이 실전 가이드

두 번째 밥벌이에
성공한 사람들

01

사이드잡으로 광고 기획자에서
음주문화공간 기획자가 되다

음주문화공간 기획자 ° 원부연

"9개의 공간 브랜드를 론칭 할 수 있었던 건,

회사에 다니며 경험한 사장 인턴십 덕분이죠.

그때 다진 기초 체력이 있었기에

위기 앞에서 넘어지지 않고 뛰어넘을 수 있었죠."

술집 사장이 '사이드잡' 조언을 하게 된 이유

술집 창업을 하기 전에는 저 역시 평범한 직장인이었습니다. 첫 회사는 웰콤 퍼블리시스 월드와이드, 두 번째 회사는 TBWA Korea, 그다음 이노션 월드와이드까지, 3개의 광고회사에서 햇수로 약 9년간 광고 기획자로 일했죠. 정신없이 일하던 4년 차 어느 날, 지리멸렬한 나의 현실을 자각하게 되었습니다. 소위 말하는 '현타'가 온 것이죠.

"나는 회사형 인간이 아니구나."

평소 관심 있던 술집 창업을 고민한 것도 그때쯤부터였습니다.

직장 생활을 하다 창업을 한 경우이다 보니 많은 직장인들이 제가 어떻게 그런 결정을 했는지 궁금해하였습니다. 강연 요청뿐 아니라, 사적으로 문의해 오시는 분들도 많았죠. 그들의 이야기를 듣고 제 나름의 경험을 바탕으로 성의껏 조언하곤 했습니다. 그래도 제가 반 발짝 먼저 회사를 그만두었고, 살아남는 길을 찾았으니 아직 그런 경험을 겪지 않은 분들께 드릴 수 있는 조언이 있다고 생각했어요.

그렇게 조금씩 조언하던 내용을 정리해《회사 다닐 때보다 괜찮습니다》라는 책을 냈습니다. 퇴사 후 가게를 창업하는 노하우를 자세히 담은 책이었죠. 다행히 많은 분들이 좋아해 주셨습니다.

현재 책을 내고 나서는 약 1년 반이 지났고, 창업한 지는 어느덧 7년 차로 접어들었습니다. 그런데 뭔가 조금 아쉽다는 생각이 들었어요. 내가 도움이 되리라 생각해서 했던 조언들에 의문이 들기 시작한 거죠.

'회사를 그만둔다는 결정을 하고, 그다음에 뭘 할지까지만 생각하면 끝나는 걸까?'

돌이켜 생각해보니 회사에 다니면서 했던 사이드잡이 지금의 저를 있게 만들어준 발판이었습니다. 단골 술집 인수가 바로 터닝포인트였죠. 가게 운영에 회사 업무까지 '빡세게' 경험해본 시간들이 있었기에 음주문화공간 기획자로서 두 번째 밥벌이를 제대로 시작할 수 있었던 것이었습니다.

회사 다니면서 '사장 연습'을 했습니다

요즘 많은 회사원들이 회사 밖 다양한 활동에 관심이 높습니다. 본업 외 다른 일을 하며 부수입을 창출하거나 다양한 경력 및 경험 쌓기 위한 활동을 하고 있죠. 이런 활동을 하는 사람들을 사이드허슬러(Side Hustler)라고도 하는데, '사이드허슬'을 하는 사람들이라는 뜻이에요. 사이드허슬은 회사 밖에서 개인의 성장을 도모하는 별도의 프로젝트를 진행하는 것을 의미합니다.

지금은 많은 분들에게 익숙하지만 불과 1~2년 전까지

만 해도 잘 사용하지 않던 단어였습니다. 제가 딴짓을 시작했던 2014년에는 상상할 수 없던 말이었죠. 아마도 그 당시 '딴짓'을 했던 많은 사람들에게 익숙한 단어는 '투잡'이었을 것입니다.

당시 '투잡'이란 회사 모르게 은밀히 해야 하는, 심지어 가까운 동료에게도 말하면 안 되는 사안이었습니다. 요새야 직장인들의 퇴근 후 다양한 도전을 응원하는 기업도 있고, 심지어 사내 스타트업 프로그램까지 생성되고 있지만, 그 당시 회사 외 딴짓은 금기였죠.

첫 공간 브랜드인 '원부술집'을 하기 전, 나름의 경영 수업을 위해 퇴근 후 딴짓을 했었습니다. 대학 시절 단골 술집이었던 신촌의 '아름다운시절'을 인수해, 3개월 동안 투잡으로 운영했었죠. 내 브랜드의 공간을 운영하고 싶은데 자신은 없던 당시 생각한 묘수였습니다.

'아름다운시절'은 선생님을 하다 그만둔 두 여사장님이 신촌에서 운영하던 주점이었습니다. 1997년부터 2014년까지 무려 17년이란 시간 동안 신촌을 지켜온 브랜드였죠.

민중가요가 흐르고 노래패와 총학생회 멤버들이 주로 방문하던 술집이었습니다. 개인적으로 저의 대학 시절 추억을 고스란히 품고 있던 곳이었죠. 어느 날, 두 사장님이 제주도로 내려가겠다 선언하셨고, 저는 술집 경영에 도전해보고 싶은 마음에 '아름다운 시절'을 인수하기로 결심합니다.

회사에 다니며 가게를 경영해야 했기에 이를 혼자 인수하는 건 어려움이 있었습니다. 첫 운영에 대한 부담도 있었고요. 공간을 직접 운영해본다는 건 정말 설레는 경험이지만 두려움도 클 수밖에 없는 과제였습니다. 그래서 2014년 3월, 대학 시절 연극동아리 선배 한 명, 후배 한 명과 함께했습니다. 보증금 1,000만 원, 권리금 2,300만 원, 총 3,300만 원의 예산으로 시작했죠. 선배가 1,800만 원, 제가 1,500만 원을 부담했습니다.

두근거리는 기대감으로 시작한 공간 운영은 만만치 않았습니다. 숨 쉴 틈도 없이 일했기에 마감 후에는 파김치가 되었죠. 익숙하지 않은 칼질에 손가락에서는 피가 멈출 날이 없었습니다. 하지만 '땀 흘리며 버는 돈이라는 게 참 값지구나.'라는 깨달음을 얻게 되었어요.

다행히 첫 달 매출이 1,900만 원 가까이 나왔습니다. 전 사장님들의 성수기 매출 기준 2배 이상, 비수기 매출 기준 3배 이상의 결과였죠. 그 경험을 하고 이를 수치로 확인을 하고 나니 회사를 그만둬도 괜찮겠다는 확신을 하게 되었습니다. 물론 이후 매출은 오르락내리락했지만요.

'사장 연습'을 해보니 확신이 들었습니다

회사와 술집. 두 공간을 오가던 때 하루 수면시간은 3시간 안팎이었습니다. 월요일부터 토요일까지 하루도 쉬지 못했지만 내 공간을 운영하는 즐거움에 피곤한 줄 모르고 하루하루를 보냈죠. 그렇게 3달 정도 자칭 '사장 인턴십'을 강도 높게 거쳤습니다.

술집 경영에 대한 구체적인 노하우를 조금씩 알아가게 되었고, 손님들과 어떤 관계를 유지하면 좋을지 접객 마인드도 쌓았습니다. 또 사람과 사람이 공간에 왜 모이는지 다각도로 분석해볼 수 있었죠.

　이런 경험이 쌓이면서 나만의 공간 브랜드에 적용할 수 있는 운영 시스템을 구상하고, 그간 막연했던 아이디어들을 구체화할 수 있었습니다. 막연했던 생각이 하나의 그림으로 구체화 되는 과정을 경험할 수 있었습니다. 부족한 부분은 자료 조사를 통해 보완해나갔죠.

　우선 이 아이디어를 시각적으로 정리하는 것이 필요했습니다. 머릿속에 동동 떠다니는 아이디어는 구름과 같아서 잘 흩어지고 뭉개져 버리기 때문이죠. 컴퓨터를 켜고 공간을 어떻게 꾸밀지에 대한 콘셉트부터 세부적인 실행 계획까지 담은 150페이지 분량의 매뉴얼북을 작성했습니다. 이 작업을 마치고 나니 어느 정도 확신이 들었습니다. 대박이 날지 어떨지는 모르겠지만 적어도 온전히 내 색깔을 입힌 나만의 공간을 오픈할 수 있겠다는 자신감은 생겼죠.

　'아름다운시절' 인수 후 4개월 뒤인 2014년 7월, 상암동에 '원부술집'이라는 공간을 오픈했습니다. '또라이가 되고 싶은 모범 직장인, 그들이 모여 즐겁게 마실 수 있는 사랑방 같은 술집'이라는 콘셉트를 지향한 공간이었습니다. 결과는 대성공. 정말 많은 사람들이 찾아와 주었죠. 이후 '모어댄위스키', '하루키술집', '신촌극장', '신촌살롱' 등 8개의 공간 브랜드를 더 론칭 했습니다. 위스키 바, 복합문화공간 등 성격도 모두 다른 다양한 공간들이었죠.

이런 다양한 공간을 론칭 할 수 있었던 것도 다 1호점인 '원부술집' 덕분이었습니다. 그리고 '원부술집' 론칭은 회사에 다니며 경험한, '아름다운시절' 사장 인턴십 덕분이죠. 이때 다진 기초 체력은 두고두고 빛을 발하게 되었습니다.

만약 '일단 해보자'는 생각 하나만으로 회사를 그만뒀다면, 더 크고 많은 시행착오를 겪었을지도 모릅니다. '사장 인턴십' 없이 바로 내 공간을 차렸다면 실패할 확률은 일반 자영업 창업 실패율과 다를 바 없었겠죠. 사이드잡으로 먼저 도전하고 배움을 얻었기에 위험을 대폭 줄일 수 있었던 것입니다.

'사장 인턴십' 후 처음으로 오픈한 상암동 '원부술집' 간판. (사진 제공: 원부연)

그런데, 회사 그만둬서 좋은가요?

창업 1년 차 어느 날이었습니다. 그날도 자리를 하나둘 정리하다 보니 어느덧 새벽 두 시였죠. 손님들은 흥겹게 술을 마시다 돌아갔고, 저는 술 한 잔 마실 시간 없이 바삐 보낸 날이었습니다. 평소처럼 가게의 불을 끄고 나오는데 말로 설명할 수 없는 외로움과 고독함이 찾아왔어요. 창업 후 처음으로 이상한 기분이 들던 순간이었죠.

"회사 그만둬서 좋냐?"

퇴사 후 가장 많이 들었던 질문이었습니다. 처음에는 비교적 선명한 답이 나왔죠.

"그럼요, 너무 행복합니다. 특히 출근 안 해서요."

하지만 퇴사 7년 차가 되자, 다소 그 답에 머뭇거리게 되었습니다. 창업 이후의 삶은 생각 이상으로 만만치 않았기 때문이죠.

좋아하는 일을 해보자는 생각으로 시작했지만, 이상과 현실은 달랐습니다. 모든 문제는 항상 예상치 않게 찾아오더라고요. 까마득한 외로움과 고독을 느끼고부터는 '회사를 그만둬서 좋다, 나쁘다'라는 판단은 큰 의미가 없음을 깨달았습니다.

회사에 다니지 않고 직접 사업을 한다는 것은 그냥 저의 현실이었어요. 실적 압박, 상사 눈치, 사내 정치는 없지만 창업한 공간이 늘어나며 관리해야 할 직원도 많아졌고, 그럴수록 크고 작은 사건 사고도 생기기 시작했죠. 늘 긴장감 속에 살아야 했습니다. 또한 소비자와 트렌드는 끊임없이 변화하기에 그 끈을 한시도 놓지 못하는 삶이 이어졌죠.

사업을 하면 잘될 때도 있고, 잘 안될 때도 있습니다. 그만큼 격변의 하루하루를 보내야 하기에, 그 고민을 다른 사람과 나눈다는 것은 시도조차 어려웠습니다. 좋을 때 기뻐하면 왠지 금방 안 좋아질 것 같고, 안 좋을 때 걱정하면 너무 푸념하나 싶었죠.

그래도 잘될 때는 함께 박수칠 직원이라도 있지만, 잘 안될 때는 고민을 나눌 사람이 없었습니다. 스튜디오 봄봄의 이선용 대표가 이런 말을 했어요.

"밝지 않을 땐 늘 혼자 있더라."
정말 너무 공감 가는 말입니다.

한 회사의 대표들은 하루에도 몇 번씩 널뛰는 상황에 대처할 수 있도록 강철처럼 단단한 멘탈을 키워야 합니다. 저는 스트레스를 잘 받지 않는 성격인데도, 창업 후에는 달랐습니다. 나의 결정이 곧 실행이기에 늘 신중하고 조심스러웠죠. 솔직히 버겁고 힘들기도 했습니다. 직책의 무거움이란 생각보다 크다는 걸 알게 되었죠. 회사 다닐 때는 한 번도 느껴본 적 없는 감정이었어요.

그래서 다시 회사에 돌아가고 싶었냐고요? 그건 전혀 아니었습니다. 나의 결정이 곧 실행이라는 점은 분명 무거웠지만, 당연히 즐겁고 긍정적인 면이 많으니까요. 다만 퇴사 후 창업을 하고 사업을 잘 해오고 있다는 이유만으로 언제나 즐겁기만 한 핑크빛 라이프를 사는 건 아님을 말하고 싶어요. 대표로서 사업의 과정에서 일어나는 모든 것을 감내할 수 있다는 자신감에는 상당한 시간과 내공이 필요하다는 것을 꼭 전하고 싶었습니다.

그래서, 벌이는 얼마나 되나요?

"돈은 얼마나 버나요?"

퇴사 후 두 번째로 많이 듣던 질문입니다. 돈 관련 질문은 가장 궁금하지만 솔직하게 물어보기는 조심스럽죠. 하지만 정확히 알아야 할 부분이라고 생각합니다. 제가 창업한 2014년도에는 알고 싶어도 주위에 물어볼 사람조차 없었어요. 투잡을 병행해 스스로 터득할 수밖에 없었죠.

많은 분들이 회사의 월급과 퇴사 후 자유로운 삶의 가치를 저울질하곤 합니다. 두 가치를 동등하게 보는 분들도 있고요. 사실 이렇게 생각하는 이유는 마음 한편, '그래도 내가 이 정도는 벌겠지. 이 일을 해도 먹고는 살겠지.'라는 막연한 기대감 때문이 아닐까 싶어요.

하지만 창업 후, 벌이의 세계는 생각보다 혹독합니다. 누구보다 열심히 했다고 해도 누가 제날짜가 되면 돈을 주는 일은 절대 없어요. 일한 만큼 벌지 못할 때도 많습니다. 사업은 예상했던 것과 늘 다른 방향으로 흘러가는데, 소비자들의 기준을 발견하고 맞추기란 보통 어려운 일이 아니죠.

그래서 저는 공간 창업 후 현실적으로 얼마를 벌 수 있는지, 숫자로 설명하는 경우가 많습니다. 술집을 운영하는 저의 경우부터, 더 쉽지 않은 카페, 서점, 북카페 등 다양한 사례를 통해 최대한 자세히 말씀드리려고 하죠.

창업에 대해 질문하는 분들, 특히 막연하게 창업을 꿈꾸는 분들에게 제가 종종 묻는 것이 있습니다.

"만약 창업하면 어느 정도 벌 수 있을 것(혹은 벌어야 할 것) 같습니까?"

그러면 대체로 이렇게 답변하죠.

"그래도 월 500만 원 정도는 벌어야 하지 않을까요."

이 금액은 창업의 세계에서는 정말 쉽지 않은 벌이인데 너무 쉽게 생각합니다.

자영업을 비롯해 사업의 흥망성쇠 사례는 주위에 너무나 많습니다. 이는 매일같이 나오는 자영업 폐업률 관련 뉴스만 봐도 충분히 알 수 있죠. 나만큼은 거기서 자유로울 거로 생각하지만 누구도 통계가 말하는 위험에서 자유로울 수는 없습니다. 그만큼 창업은 어마어마한 준비가 필요합니다.

'원부술집'을 창업한 2014년 첫해, 제가 번 돈은 한 달 평균 500~700만 원 정도였습니다. 직장인 시절과 비교해 많이 버는 금액이었을까요? 글쎄요. 월요일부터 일요일까지 매일 일을 했고, 평균 근무시간은 하루에 12시간 이상

구분	매출	순익 (대략적인 수치이며, 통상적으로 매출의 50%)
2014년 8월	1,060만 원	530만 원
2014년 9월	1,240만 원	620만 원
2014년 10월	1,280만 원	640만 원
2014년 11월	1,430만 원	715만 원
2014년 12월	1,130만 원	565만 원

창업 1년 차 현황. 일 평균 12시간, 주 7일 근무, 1인 운영 기준. 참고로 2015년 이후 지금까지 매출은 하락세. 신규 공간들의 경우 인건비 매출이 높아 순익 비율이 낮음.

이었습니다. 그 결과로 저 금액이 괜찮은 것인지 판단은 사람마다 다를 겁니다.

그럼에도, 저는 여전히 회사 다닐 때보다 괜찮습니다

가장 많은 공을 들여 오픈했던 '하루키술집'이 2019년 8월, 2년 만에 폐점했습니다. 많은 고민과 아이디어 회의 끝에 준비한 공간인데, 결과가 좋지 않았죠. 여러 외부 요인도 작용했지만 폐업은 예상치 못한 결과였습니다. 스스로 이 결과를 납득하는 것이 쉽지 않았죠.

어느 정도 일에 적응되었다 싶으면 어김없이 생각지 못한 새로운 문제가 찾아오는 게 창업가의 생활입니다. 허둥지둥 해결하다 보면 아직 한참 멀었다는 생각에 좌절하곤 하죠. 노력한 만큼 결과가 돌아오는 게 아니기에 가끔은 정체된 느낌을 받을 때도 있습니다. 지금 뭔가 잘못하고 있는 건 아닌지 두려운 마음이 들기도 하죠. 그렇다고 그 답을 외부에서 찾을 수도, 알려줄 수도 없습니다. 답은 결국 스스로 찾아야 합니다.

그럼에도 저는 여전히 지금의 삶이 회사 다닐 때보다 괜찮다고 말합니다. 가장 큰 이유는 스스로 방향을 설계할 수 있다는 것, 그리고 원하는 때 그것을 주도적으로 실행할 수 있는 시간과 자원이 있기 때문이죠.

저는 '하루키술집' 폐업을 계기로 더 장기적 안목에서 '성장'을 설계해야겠다는 생각을 했습니다. 제가 창업한 브랜드를 전부 원점에서 살펴보고, 새로운 방법론을 마련하는 방향으로요. 닥치면 행동하고 해결해나가는 방식이 아닌 구체적인 목표를 설정하는 것. 저는 더 멀리 보고 더 멀리 뛰어야겠다는 생각을 했습니다.

결국 나의 일과 삶의 방향을 설정하는 핵심은 '성장'의 문제였고, 내가 더 나아졌다고 스스로 신뢰할 수 있는 것이 '성장의 방향'이었습니다. 직장인들에게도 마찬가지란 생각이 들었습니다. 회사에 다닐지 말지, 내 사업을 할지 말지 그런 결정을 내리는 것만이 끝이 아닙니다. 그 결정 뒤에는 더 큰 고민이 계속해서 도사리고 있습니다.

가장 많은 고민 끝에 문을 연 공간이었으나 2019년 8월에 폐점한 '하루키술집'. 결과를 예상할 수 없는 게 창업가의 생활이다. (사진 제공: 원부연)

창업 후 이어지는 저의 고민과 제가 만났던 많은 직장인들의 이야기를 통해 저는 확신이 생겼습니다.

'회사를 떠나 앞으로의 성장 방향을 어떻게 설계해야 할지에 대한 소재는 많은 직장인에게 꼭 필요한 것이겠구나.'

저 역시 과거의 직장인으로서, 직장인들에게 그럴 시간과 여유가 없다는 걸 잘 알고 있습니다. 고민해야겠다는 생각조차 해보지 못할 수 있고요.

그래서 그동안의 경험을 바탕으로 퇴사든 이직이든 '두 번째 밥벌이'라는 사안, 여기에 장기적인 안목으로 '성장'에 대한 고민까지 이어갈 수 있도록 도울 수 있다면 좋겠다는 생각이 들었습니다.

우리가 '두 번째 밥벌이'를 준비해야 하는 이유

성장의 고민이 한창이던 즈음, 지식 콘텐츠 플랫폼 '폴인'과 함께 '퇴사레시피'라는 두 번째 밥벌이 스터디를 열게 되었습니다. '퇴사레시피' 스터디는 퇴사 고민을 반 발짝 앞서 했던 다른 이들의 경험담을 듣고 자신만의 '회사 이후' 커리어를 설계해 보는 강연과 워크샵 형식의 스터디였습니다. 2019년 7월부터 9월까지 약 3개월에 걸쳐 진행됐죠.

많은 사람들이 회사에 다니며 사이드잡, 창업 준비, 스타트업으로의 이직 등에 관심이 있었기에 실제 경험담을 들려줄 이들과 만나게 해주고 싶었습니다. 그래서 직접 창업한 케이스, 대기업에서 스타트업으로 이직한 케이스, 회사에 다니면서 사이드잡을 하는 케이스 등 여러 사람을 강연자로 모셨습니다.

금융권 대기업 종사자부터 자영업자까지 다양한 사람들이 모였습니다. 스터디는 그들의 이야기를 듣고 그들이 두 번째 밥벌이를 고민하는 과정에서 활용했던 다양한 툴과 노하우를 참가자들과 함께 실행해보며 운영되었습니다.

스터디에 참가한 11명은 자신의 고민을 공유하고, 각 연사들로부터 조언을 얻었습니다. 또 나를 객관적으로 돌아볼 프레임워크를 함께 실행해보기도 했죠.

공통적으로 참가자들 모두 빠르게 변화하는 세상에 어

떻게 적응해야 하는지 고민하고 있었습니다. 동시에 지금 회사가 준 직함에 의미부여를 하기보다, 스스로 어디에서 동기부여를 받고 어떤 일을 즐겁게 해나갈 수 있을지, 나에게 맞는 직업은 무엇이며 지금의 회사 밖에서 나는 어떤 일을 할 수 있을지 찾고 싶어 했죠.

즉 이들은 단순히 꿈을 이루기 위해 창업을 하거나 연봉을 더 받기 위한 노하우를 듣고자 찾아온 것은 아니었습니다. 내가 진짜 좋아하고 잘할 수 있는 일을 무엇인지, 어떻게 찾을 수 있을지에 대한 깊은 고민에 답을 얻고자 문을 두드린 것입니다.

이런 고민은 우리 사회가 스스로에 대해 생각해볼 여유를 주지 않았기 때문에 생긴 것입니다. 세상은 점점 더 개인의 취향을 존중하며 이를 중심으로 변해 가는데, 우리는 자라면서 개인의 의견이나 취향보다 집단의 문화를 중시해야 한다고 배웠습니다. 자신의 취향이 무엇인지, 진정 원하는 것이 무엇인지 진지한 고민을 해보지 않은 채 이날까지 등 떠밀려 온 결과이기도 한 것이죠.

집단의 문화를 눈치껏 익혔고, 타인의 시선을 중요하게 생각한다는 것은 커리어를 설정하는 데서도 영향을 끼칩니다. 나의 행복보다는 암묵적으로 정해진 사회적 기준에 따라 생각하고 행동하게 되는 것이죠. 이 시점엔 이 정도 회사를 가야지, 이 정도 연봉은 받아야지 하는 사회적인 시선을 의식하고 이 시선 속으로 스스로를 가두게 됩니다.

이제껏 우리는 스스로 어떤 일이 잘 맞고, 어떤 일을 잘하는지 생각해볼 기회가 없었습니다. 하지만 '퇴사레시피'를 진행하며 만났던 연사들과 참가자들 모두 각자가 하고 싶은 일, 좋아하는 일이 다 달랐습니다. 연사들조차 스스로 커리어 전환을 앞두고 결정했던 길이 다 달랐고요.

'지금 이대로는 안 되겠다.'라는 문제의식은 같았지만, 누구는 창업을, 누구는 스타트업으로 이직을, 누구는 사이드잡을 선택했습니다. 이들 각자의 커리어는 정해져 있지 않았습니다. 누구도 정해주지 않았고요. 각자가 걸어온 길, 갈 수 있는 길은 자신의 가치관, 능력 등에 따라 다를 수밖에 없기 때문이죠.

우리는 모두 각자의 멋진 색깔을 가지고 있습니다. 아직 그 색깔이 무엇인지 발견하지 못한 것뿐이죠. 커리어에서도 마찬가지입니다. 그동안 우리를 모두 '직장인'이라는 같은 틀에 맞추게 했던, 세상이 생각하는 '좋은 커리어'가 아니라 '나만의 커리어'를 발견해야 합니다. 이를 통해 각자의 두 번째 밥벌이는 어느 방향으로 가야 할지 그 단서를 찾길 바랍니다.

9개의 다양한 공간을 연
음주문화공간 기획자 원부연의 밥벌이 타임라인

○ 우연한 기회로 광고회사 아르바이트를 시작, 정직원으로 채용됨

○ 광고기획자에 대한 회의감을 느낌

○ 딴 짓 시작
지인과 함께 단골 술집 '아름다운시절' 인수
3개월간 죽을 만큼 힘들게 사장 인턴십을 마침

○ 퇴사
그리고 나만의 공간 '원부술집' 오픈

○ 모어댄위스키, 신촌극장, 신촌살롱 등 8개의 공간 오픈

○ 블로그에 창업 계기와 과정을 연재, 총 두 권의 책 출간

○ 두 번째 밥벌이 스터디, 퇴사레시피 진행

○ 가장 많은 고민을 했던 공간인 하루키술집 폐업 결정
그러나 좌절하지 않고 이를 계기로
장기적인 안목에서의 성장을 설계하기 시작

○ 세 번째 책 출간 예정
그리고 계속해서 커리어의 방향에 대해
고민하고 성장할 예정

02

회사 다니면서
8개 사업을 할 수 있다고요?

〈서울경제〉기자 ∘ 박해욱

"사업을 하기에는 직장인 신분이 오히려 유리합니다.

실패해도 큰 지장이 없을 거라는

'심리적 안정감'이 있기 때문이죠."

사이드허슬러, 나도 할 수 있을까요?

회사에 대한 고민은 많지만 그만두면 무엇을 해야 할지 모르는 분들이 많습니다. 한편, 나도 사이드잡을 갖고 일하는 사이드허슬러로 살 수 있을까? 염려도 많으실 테고요. 요즘 많은 직장인들이 사이드허슬로 다양한 시도를 하고 있습니다. 에어비앤비(airbnb, 숙박 공유 서비스)나 파티룸을 운영하는 분들도 계시고, 동료들과 함께 술집과 카페를 하시는 분들도 종종 보게 됩니다.

이직, 창업 같은 큰 변화를 결정하는 옵션도 물론 있습니다. 하지만 그전에 회사에 다니며 사이드허슬러로 다양한 시도를 해보고, 스스로에게 맞는 게 무엇인지 발견하는 것 또한 좋은 방법입니다.

제가 만나본 사이드허슬러 중 박해욱 기자만큼 다양한 사이드허슬을 하는 경우는 보지 못했습니다. 본업인 기자 외에 무려 8가지 사업을 진행하는 박해욱 기자의 경험이 궁금했습니다. 새로운 직업을 찾는 분들께 그의 이야기를 통해 다양한 가능성을 제시해드리고자 합니다.

평생직장이 사라진 시대를 살아가는 이들을 위한 사이드허슬

박해욱 기자도 여느 동료들과 다름없이 기자 생활 만을 충실히 하던 사람이었습니다. 처음부터 딴짓을 한 건 아니었죠. 그랬던 그가 기자 생활 8년차인 어느 날, 한 사건을 접하면서 인생의 방향이 달라집니다.

당시 박 기자는 2008년 세계 금융 위기 이후 회복되지 못하던 금융권의 출입 기자였습니다. 덕분에 금융권 회사들의 면면을 생생하게 목격할 수 있었죠.

지금도 그런 편이지만, 당시 금융권 직장이라 하면 일단 높은 연봉과 안정적인 이미지로 많은 사람들에게 선호되는 직장이었습니다. 그러나 그의 취재 노트에는 현재 금융권은 수익성 감소와 IT 발전을 이유로 하루가 멀다하고 이곳 저곳에서 구조조정을 진행하고 있다는 부정적인 내용 뿐이었습니다.

회사가 통째로 매각되거나 지점이 통폐합 되는 등 상황은 급변하고 있었죠. 하루아침에 금융권 전반에서 6,000명이 구조 조정되기도 했습니다. 평생직장을 다닌다고 믿던 성실한 직장인들이 한순간에 실직자 되는 것을 지켜본 그는 꽤 충격을 받았습니다.

얼마의 시간이 흐른 뒤, 박 기자는 문득 '그 6,000명의 은행원은 이후 어떤 삶을 살고 있을까?' 궁금했습니다. 그래서 그들에 대해 추적 취재를 해봤다고 합니다. 그 결과 어땠을까요?

대다수가 퇴직 후, 자영업을 택했는데 그 결과가 참담했습니다. 결국 나락으로 떨어진 그들의 결과를 보며, 박 기자는 '나라고 다르지 않겠구나.' 하는 생각을 하게 되었죠.

게다가 요즘 시대엔 평생직장 개념이 사라졌다는 것도 자명해 보였습니다. 시스템 밖에서의 개인은 아무것도 아니었죠. 거기에 저성장, 저출산 및 고령화, 급격한 기술발달 등 노동 구조 자체의 변화가 일어나고 있었고요.

경제 지표를 꾸준히 관찰하던 박 기자는 고민이 깊어졌습니다. 그때부터 뭔가 준비를 해야겠다는 생각에 사이드잡을 시작합니다. 그렇게 하나하나씩 시작한 것이 쌓여 현재 8개가 된 것이죠. 어느덧 그는 '사이드허슬러'의 대표 주자가 되어 있었습니다.

평생직장이 사라진다는 사실에 불안해, 빨리 회사를 그만두고 다른 일을 알아볼 생각을 하는 사람들이 많습니다. 하지만 박해욱 기자는 결단코 '본업은 지켜야 한다.'라고 주장합니다. 그리고 본업을 지키며 퇴직 이후의 삶을 준비하는 사이드허슬러의 길을 강력하게 추천합니다.

박 기자는 현재의 직업을 지키면서 그다음 단계를 실행하고 있습니다. '퇴직, 은퇴, 퇴사' 후 2막을 맞이할 게 아니라 '조기 졸업'을 하겠다는 겁니다. 회사가 그만두라고 할 때 그만두는 수동형이 아닌, 내 두 번째 밥벌이 능력치가 최고조에 달았을 때 내 발로 떠나겠다는 생각인 거죠. 그리고 이를 준비하기에는 직장인이 매우 유리하다고 거듭 강조합니다.

회사 다니면서 8개 사업, 도대체 어떤 일들인가요?

박해욱 기자는 무려 8개의 사이드허슬을 하고 있습니다. 하나하나 소개해 보겠습니다.

첫 번째는 '온라인 가구 유통 회사'입니다. 온라인 가구 유통 회사를 하게 된 데에는 그 전, 인테리어 사업 경험이 계기가 되었습니다. 당시 국내 가구 기업 대표와 상업 공간 전문 인테리어 사업을 시작했으나 자본금 부족으로 생각보다 허무하게 끝났다고 합니다.

그때의 실패를 거울삼아, 함께했던 가구 기업 대표와 신중하게 다음을 준비, 온라인 가구 유통 회사로 새롭게 도전한 것입니다. 꼼꼼한 준비 덕에 다행히 첫해 매출부터 순항이었죠.

두 번째는 가장 최근에 론칭한 '화장품 스타트업'. 이것은 다음 소개할 바이오 회사와의 인연으로 시작하게 된 회사인데요. 노화 방지 핵심 원료 기술을 어떻게 하면 제품화할 수 있을까 고민하던 중, 화장품에 접목해 보자는 아이디어를 냈다고 합니다.

제품 유통 업체 두 군데와의 제휴를 통해 판매처도 확보합니다. 한류 열풍이 부는 해외 지역에만 집중, 온라인 플랫폼을 통한 화장품 판매를 시작했죠. 하나의 기술을 제품화(화장품) 및 판매(유통사 2곳과 제휴)할 수 있게 구조를 짜는 일이 이 사업에서 박해욱 기자의 역할이었습니다.

세 번째는 앞서 소개한 화장품의 핵심 기술이 담긴 '바이오 회사'입니다. 이 회사에는 연어 정자에서 원료를 추출하는 핵심 기술을 가지고 있었습니다. 노화 방지에 효과가 있는 이 기술은 한 피부과 원장님이 개발했는데요. 어떻게 활용할 수 있을지 고민하던 차 박해욱 기자와의 '술자리 인연'으로 사업의 구조화가 시작되었습니다.

네 번째는 사내 '신사업 프로젝트'. 박해욱 기자는 회사인 〈서울경제〉에서 진행하는 프로젝트로 직장 은퇴 세대를 타깃으로 한 스타트업을 준비하고 있습니다. 은퇴 세대를 타깃팅한 이유는 2020년 새롭게 나올 정책 때문이었습니다.

1,000명 이상 직원을 보유한 회사라면 퇴직자에게 '재교육'을 의무적으로 해야 하는, 새로운 법이 생길 예정입니다. 따라서 재교육 시장의 성장을 예상한 박해욱 기자가 신사업 아이템으로 적극적으로 제안한 것이죠.

소액의 회사 자본으로 신사업 프로젝트가 시작되었고, 내·외부 전문가로 구성된 재교육 프로그램을 준비 중입니다. 여기서도 박해욱 기자는 전체 그림과 틀을 짜는 역할을 맡았죠. 이 사업은 기업을 대상으로 하는 비투비(Business to Business) 사업을 조만간 시작할 예정입니다.

다섯 번째는 '팟캐스트 브랜드 론칭'입니다. 박 기자는 달콤한 고생 나의 창업 이야기, 줄여서 '달고나'라는 프로그램을 '주체적삶연구소' 이정훈 소장님과 함께 진행했었습니다. 팟캐스트를 운영한 것도 창업이라는 콘텐츠에 관심이 많았기에 시작하게 된 것인데요. 이 팟캐스트는 법인 회사의 뉴미디어 콘텐츠로 확장을 준비 중입니다.

여섯 번째는 '뉴미디어로의 창업 콘텐츠 확장'입니다. 앞서 말씀드린 팟캐스트 '달고나'에서 시작된 콘텐츠를 법인 회사 관리 아래 유튜브로 확장하고, 관련 커뮤니티를 구축할 예정인데요. 박 기자의 2020년 핵심 사업 중 하나입니다.

박해욱 기자는 창업의 구조를 짜는 역할도 좋아하지만, 창업가의 정신을 배우는 콘텐츠를 구축하는 것에도 관심이 많습니다. 그래서 미디어를 통한 창업 콘텐츠에도 심혈을 기울이고 있는 것이죠.

일곱 번째는 대나무 빨대 '어글리 스트로 제품 개발'입니다. 친환경 이슈를 고민하다 생각해낸 아이디어 제품인데요. 사실 이 빨대를 개발하게 된 계기 역시 온라인 가구 유통사를 창업한 대표와의 인연 때문이었습니다. 가구 제작 공장 방문차 베트남에 갔다 우연히 길거리에서 이 빨대를 보게 된 것이죠.

여기서 영감을 얻은 박해욱 기자는 이를 직접 제작해보기로 합니다. 국내 대학 기술팀에 의뢰해 테스트 제품을 만들고, 언제든 판매할 수 있는 상태까지 되었다고 해요. 요즘처럼 환경 이슈에 예민한 시대에 사용 후 바로 길에 버려도 되는 친환경 제품인 만큼 앞으로의 행보도 기대됩니다.

마지막 여덟 번째는 치매 환자들을 위한 '넛지볼 개발'입니다. 치매 환자들은 병적 증세로 물을 마시지 않아 수분은 부족한데, 군것질은 많이 해서 당수치는 높은 영향 불균형 상태라고 해요. 그래서 겉은 젤리처럼 생겼지만 그 안에는 수분을 담은 '넛지볼'이라는 제품을 만들어 얼마 전 정부 및 대학 지원기금을 받았다고 합니다.

사실 이 제품을 개발하게 된 것도 창업 콘텐츠를 운영하는 법인 멤버들과 술을 마시다 나온 아이디어가 시작이었다고 해요. 치매 시장과 치매 환자에 대한 수분 공급에 관해 이야기하다가, 젤리 안에 수분을 담은 기술을 보유한 지인을 수배해 제품화한 것이죠. 이를 창업지원기금 공모에 아이디어로 냈고, 당선 기금으로 법인을 설립한 것입니다.

회사원이기에 사업하기 좋습니다

대부분의 사람들이 창업이든 부업이든 사업을 제대로 하려면 회사를 그만둬야 한다고 생각합니다. 하지만 박해욱 기자는 직장인이 오히려 사업하기에 유리한 환경에 있다고 말합니다. 전혀 반대의 입장이죠.

그에게는 '절대 퇴사하지 않는다'라는 원칙이 있습니다. 상식적으로 8개의 사업을 사이드허슬로 진행하려면 시간이 없어서라도 퇴사하고도 남았을 것 같은데 절대 하지 않는다니, 박해욱 기자의 원칙은 그 점에서 신선한 영감을 주었습니다.

그가 이 원칙을 고수하고 설파하는 가장 큰 이유는 '심리적 안정감' 때문입니다. 이 사이드허슬을 실패해도 내 삶에 큰 지장이 없을 거라는 심리적 안정감 말이죠. 그는 이 안정감이 무너지면 새로운 비즈니스를 시작해도 좋은 아이디어를 더하거나 부가가치를 만들기 어렵다고 말합니다.

그는 이 심리적 안정감은 안정적인 '소득원'에서 나온다고 강조합니다. 직장인은 매월 정해진 날에 월급이 들어오기에 소득이 안정적일 수밖에 없죠. 그래서 직장인이 심리적 안정감 면에서 유리한 위치에 있을 수밖에 없습니다. 그 안정적인 소득원을 유지하기 위해 박해욱 기자는 새로운 도전을 할 때마다 확고한 하나의 원칙을 언급합니다.

"절대 주인공이 되지 않는다."

창업에 관심이 있고, 새로운 일에 도전한다고 누구나 대표가 될 필요는 없습니다. 박해욱 기자는 회사에 다닌다는 원칙을 지켜야 하기에 주인공이 아닌 조력자로서 자신의 역할을 잡았습니다.

좋은 아이템과 아이디어가 있는 분들에게 구조를 짜주

고 필요한 사람들과 연결해주는 역할을 합니다. 또 아이템이 성공할 수 있게 틀을 만들어주고요. 그리고 이에 대한 대가를 현금이 아닌 지분으로 받죠. 당장의 벌이보다 회사의 성장을 더 큰 목표로 두기에 가능한 선택입니다. 동시에 그가 주장하는 안정적인 수입원이 없다면 할 수 없는 선택이기도 하죠.

116시간을 활용 하세요

직장을 다니면서 다른 것을 한다는 것은 모두 생각하듯 쉬운 일이 아닙니다. 늘 시간이 부족하죠. 하지만 박 기자는 '시간이란 의지의 영역'이라고 말합니다. 시간을 어떻게 사용하는가는 전적으로 개인의 의지에 따른 거라는 것이죠.

실제 직장에서 연차가 쌓이면 일의 능률이 높아집니다. 속도도 빨라지고 업무 처리도 점점 수월해집니다. 게다가 지금은 국가에서 52시간 근무를 적극적으로 장려하고 있죠. 52시간 외에는 회사도, 국가도 개인의 시간을 방해할 수 없습니다. 이 52시간 근무제는 앞으로 개인의 삶에 더 많은 영향을 미칠 것입니다.

이에 발맞춰 자율출퇴근 제도를 도입하는 회사도 늘고 있습니다. 이런 분위기는 주어진 시간을 나의 상황에 맞춰 유리하게 쓸 수 있도록 돕습니다. 사이드허슬을 하기에 좋은 환경이 갖춰진 것입니다.

"일주일에 52시간을 빼면 116시간이 남아요. 그 시간만큼은 온전히 나를 위해 쓸 수 있죠. 이 시간을 활용하세요."

박해욱 기자는 116시간이라는 시간을 정말 소중하게 쓰려고 노력합니다. 하루 수면시간은 5시간 이내로, 출퇴근하는 시간을 절약하기 위해 주중에는 회사 근처 오피스텔에서 지냅니다. 또 매일 밤 새로운 사업 인사이트를 얻을 수 있는 술자리를 다니며 매시간을 소중하게 쓰고 있습니다.

가끔 그는 시간을 다르게 쓰는 데 의미를 두기도 합니다. 택시를 타고 먼 거리를 이동해야 하면 비슷한 장소로 가야

52시간	116시간	
	81시간	35시간
회사 근무	영감을 얻기 위한 활동 - 매일의 술자리(네트워킹) - 구조를 짜기 위한 전략 구상 - 아이디어를 얻을 도전과 체험 - 8개 사이드잡에 대한 고민	수면을 위한 시간

박해욱 기자 시간 활용. 모두에게 똑같이 주어지는 시간이지만 박 기자만큼 알차게 활용하는 사람이 몇이나 될까.

하는 사람의 대리 기사 역할도 하고, 차 타고 30분이면 갈 거리를 심야버스를 두 번씩 갈아타며 도시의 밤을 즐기기도 합니다.

퇴근하면 아무 생각 없이 맥주와 치킨을 먹으며 넷플릭스를 보고 싶을 때가 있습니다. 저도 가끔은 그런 시간을 보냅니다. 하지만 박 기자의 이야기를 듣고 생각이 달라졌습니다. 더 나은 내일을 위해 넷플릭스로 지친 나를 달래는 것도 좋지만, 박 기자처럼 퇴근 후의 116시간을 보내 본다면 분명 퇴사 시점의 내 모습은 달라져 있겠지요.

두려워하지 마세요, '겸업금지 조항'

시간 활용까지는 그렇다 치더라도, 직장인들이 걱정하는 문제는 또 있습니다. 취업 규칙에 존재하는 '겸업금지 조항'이죠. 아래는 각 회사의 겸업금지 조항들입니다.

CJ 헬로비전 금지사항
사원은 회사의 허가 없이 영리를 목적으로 하는 다른 사업을 영위하거나 다른 직업에 종사하여서는 아니 된다.

조선일보 근무규정
제10조 영리업무 및 겸직금지. 사원은 회사의 허가를 받지 아니하고 사무 이외의 영리 또는 보수를 목적으로 하거나 사무수행에 지장을 초래하는 업무 또는 사외이사 등의 대외직에 종사하거나 겸직하여서는 안 된다.

우리은행 업무 금지사항
제12조 1.영리 행위 및 겸업금지. 영리행위를 목적으로 하는 사업을 하거나, 은행장의 승인 없이 타기업의 임직원이 될 수 없다.

현대모비스 복무규율
회사의 허가없이 근로시간 중 직장을 이탈하거나 회사 업무와 관계없는 일을 하지 않는다.

다음카카오 복무규칙

회사의 이익에 반하는 겸직/겸업을 금지 한다.

공무원 국가공무원법 상 영리업무 및 겸직금지 조항

공무원은 공무 외에 영리를 목적으로 하는 업무에 종사하지 못하며 소속 기관장의 허가 없이 다른 직무를 겸할 수 없다. 영리를 목적으로 하는 업무의 한계는 대통령령 등으로 정한다. 예외조항. 직위와 직무 내용이 유사하고 담당 직무 수행에 지장이 없다고 인정하면 대통령령 등으로 정하는 바에 따라 일반직공무원을 대학교수 등 특정직 공무원이나 특수 전문 분야의 일반직공무원 또는 대통령령으로 정하는 관련 교육·연구기관, 그 밖의 기관·단체의 임직원과 서로 겸임하게 할 수 있다.

위와 비슷한 한 은행의 취업규칙 중 겸업금지 조항을 살펴볼까요?

직원은 은행장의 허가 없이 영리사업을 영위하거나 다른 직업에 종사하여서는 아니 된다.

여기서 '허가 없이'라는 표현이 신경쓰입니다. 허가해달라고 하면 회사는 당연히 안 해줄 테고요. 박 기자는 이에 대해 가볍게 반응합니다.

"너무 걱정할 것 없어요. 겸업이 법으로 금지된 직업은 공무원뿐인걸요."

최상위법인 헌법은 직업 선택의 자유를 보장하기 때문에 겸업하더라도 회사가 직원에게 법률적 책임을 물 수 없다고 합니다. 다만 회사의 이익에 침해될 경우 법률적 처벌 가능성은 있습니다. 위의 겸업금지 조항에서 보듯 이는 크게 세 가지 문제로 압축이 됩니다. ①영업 비밀을 유출했을 때, ②회사 명예를 실추시켰을 때, ③근무시간에 업무 외 일을 할 때.

이 세 가지 중 대부분의 직장인들이 조심할 부분은 근무시간뿐입니다. 다시 말해 52시간의 근무시간 외 116시간을 활용한다면 전혀 문제가 안 된다는 뜻이죠. 앞선 두 가지는 특별한 경우가 아닌 한 해당되기 힘든 보편적 문제는 아니라는 겁니다.

52시간 근무제로 개인의 시간이 많아지는 만큼, 회사 업무 외 딴짓은 점점 장려되지 않을까 싶습니다. 실제 일본의 한 지방자치단체는 2017년부터 해당 지자체 공무원들이 공공성이 있는 단체에서 부업을 하고 부수입을 얻을 수 있도록 허용했습니다. 공무원에게도 투잡을 장려하는 일본처럼 변화는 이미 시작된 게 아닐까요.

그런데도 회사 밖에서 추가로 수입을 얻는다는 것 자체가 꺼림칙할 수는 있습니다. 박해욱 기자 역시 8개의 사이드허슬 모두에서 어떤 금전적 보상도 받지 않는 걸 원칙으로 하고 있어요. 급여는 받지 않고 주주로서 지분을 받는 형식으로 참여할 뿐이죠. 여러분 역시 이런 방법으로 진행할 수도 있습니다.

즉, 사이드허슬을 하는 데서 가장 중요한 건 벌이만은 아니라는 것입니다. 딴짓을 통해 내 삶에서 어떤 것을 얻고 어떤 준비를 하느냐가 가장 중요한 점이죠. 시간이 없다거나, 취업 규칙이 무섭다는 이유로 새로운 인생의 가능성을 놓쳐서는 안 됩니다.

좋은 사이드허슬러가 되기 위한 조건, 'A-TIPS'

박해욱 기자는 좋은 사이드허슬러가 되기 위한 조건을

다음과 같이 정리해주었습니다. 각 키워드의 앞글자를 따서 'A-TIPS'라고 부르겠습니다.

① Action: 아무것도 하지 않으면 아무 일도 일어나지 않는다.

능동적인 사이드허슬러가 되기 위한 필수 덕목입니다. 사람도 일도 행동 없이 일어나는 일은 없습니다.

② Time: 시간은 어떻게든 만들어낼 수 있다.

52시간 근무 외 시간인 116시간. 온전히 나를 위해 활용할 수 있는 시간입니다. '시간이 없다, 바쁘다, 여유가 없다.'라는 건 사이드허슬을 막는 가장 큰 변명입니다.

③ Item: 남들보다 잘하면 된다.

모든 사람이 발명가는 아닙니다. 언제나 새로운 아이디어를 찾아낼 수도 없고요. 단지 남들보다 잘할 수 있는 아이템을 찾으면 됩니다. 박해욱 기자도 기자라는 직업의 강점을 살려 좋은 인력과 아이디어를 연결해주는 전략가의 역할을 주로 하고 있습니다.

④ Partner: 꼭 주인공이 될 필요는 없다.

사업을 하면 다들 대표가 되려고 합니다. 하지만 꼭 대표직을 맡는 것만이 사업을 하는 유일한 길은 아닙니다. 좋은 파트너로 역량을 발휘하는 것이 영리한 사이드허슬러일 수도 있습니다.

⑤ Seed: 비용은 아끼는 것이다.

사업을 위해 내 돈을 쏟을 필요는 없습니다. 월급을 포기할 필요도 없고요. 좋은 아이템을 위한 다양한 정부 투자나 기금을 활용해보는 것도 방법입니다. 창업경진대회 등을 통해 역량을 키우는 것도 좋은 선택지고요.

사이드잡과 퇴직 후 밥벌이에 대해 그동안 생각에만 그쳤다면, 마음의 여유가 없었다면 박 기자의 'A-TIPS' 원칙을 바탕으로 뭐든 시작해보는 건 어떨까요. 잘 생각해보면 자신만 할 수 있는 좋은 아이템이 많을 것입니다. 회사를 그만두지 않고 시작하는 사이드허슬. 미래에 대해 막연한 불안감을 안고 있는 이들에게 새로운 가능성을 여는 기회라 생각합니다.

다음은 박해욱 기자가 제시하는 질문입니다. 정해진 답은 없습니다. 질문을 읽고 자신이라면 어떤 답을 할 수 있을지 생각해보라는 의미입니다.

PDRN이라는 세포재생물질 생산능력을 갖춘 회사가 있습니다. 이 회사가 PDRN을 활용한 화장품 사업을 전개하고자 합니다. 당신은 어떤 역할을 할 수 있고, 어느 정도의 지분이 적당하다고 생각하시나요?

조건1. 새로운 회사를 만든다.
조건2. 화장품 생산은 OEM(주문자생산) 방식을 취한다.
조건3. 새로운 회사는 초기비용을 최대한 줄이고자 한다.
조건4. 이 회사는 구조화, 펀딩, 디자인, 마케팅, 판매, 재무회계 등에서 파트너를 필요로 한다.

이런 조건과 상황에서 나는 어떤 역할을 할 수 있을까요?

박해욱 기자를 둘러싼 8개의 사이드허슬

업체	역할	설립 계기
① 온라인 가구 유통사	지분 소유	인테리어 사업 실패의 교훈으로 이어진 넥스트 전략 사업
② 화장품 스타트업	지분 소유	아래 바이오 기술을 화장품으로 제품화 및 유통 시작
③ 바이오 회사	사외 이사	기술 개발자인 피부과 원장과 술자리에서 인연이 됨
④ 〈서울경제〉 사내 신사업 프로젝트	자문	소액의 회사 자금으로 만든 은퇴자 '재교육' 아이템
⑤ 팟캐스트 '달고나'	지분 소유	'주체적삶연구소' 이정훈 소장과 진행
⑥ 뉴미디어 콘텐츠	지분 소유	유튜브, 커뮤니티 등 뉴미디어 채널로 확장 예정
⑦ 어글리 스트로	제품 개발	친환경 이슈에의 관심으로 직접 개발에 참여
⑧ 넛지볼	지분 소유	정부 및 대학 지원금으로 법인 회사 설립

03

창업,
나도 해볼 수 있을까요?

스튜디오봄봄 대표 ∘ 이선용

"창업은 쉽지 않고 창업가는 외롭습니다.
언제 올지 모르는 파도를 기다리는 것 같은 매일을 살아가죠."

창업가들은 회사원 시절이 그리울까?

2017년을 기점으로 창업을 하는 분들이 눈에 띄게 늘었습니다. 제가 창업했던 2014년도만 하더라도 젊은 사람의 퇴사 자체가 엄청난 뉴스였는데 말이죠. 요즘은 누가 창업한다고 하면, '아 그 친구도 하는구나.' 하는 반응에 그칩니다. 주위에서 창업가들을 찾기도 쉬워졌고요.

그러다 보니 창업의 무지막지한 어려움도 옆에서 지켜보게 됩니다. 잘되는 모습보다는 힘들고 어려운 경우를 더 많이 보게 됩니다. 어떤 창업자는 이렇게 말하더군요.

"오랜만에 친구에게 전화했더니 '왜, 돈 없냐?'고 묻더군요. 그래서 전화한 건 아니었는데."

그는 섭섭해 했지만 사실 그가 받은 '합리적 의심'에 공감이 갔습니다.

반면 회사의 근무 여건은 점점 좋아지고 있습니다. 52시간 근무로 완벽한 워라밸(Work and Life Balance)이 가능해졌죠. 야근이 일반적이었던 제가 다녔던 광고회사에서조차 대휴가 활성화되었고 52시간 근무가 잘 지켜진다고 합니다. '광고회사에 대휴라니!' 처음 그 소식을 듣고 충격적이었습니다. 그만큼 시대가 변했고, 라이프스타일도 진화하는 중입니다.

'나는 지금 회사로 돌아가고 싶은가?'

저도 잠시 고민해본 적도 있습니다. 하지만 다시 생각해봐도 창업 초기 때와 그 대답은 달라지지 않았어요. 여전히 '결단코' 돌아가고 싶지 않습니다. 대신 퇴사를 고민하는 분들에게 좀 더 적극적으로 숙고하라는 조언을 드립니다.

저는 지난 7년 차 대표직을 통해 엄청난 개인의 성장을 이뤘습니다. 우선 9개의 공간 브랜드를 창업했다는 너무나 멋진 경험을 했고, 방송, 강의, 출판 등 회사원이었다면 시도조차 하지 못했을 수많은 일을 프로필로 쌓았습니다. 이 모든 것이 저에게는 너무나 큰 가치입니다.

또한 현재에 안주하지 않고 또 다른 미래를 준비하는 것도 너무 설레는 경험입니다. 변화하는 트렌드에 맞는 새로운 공간을 연구하고, 직원들과의 질적 성장 도모하며, 이 모든 과정을 공유하기 위한 콘텐츠 개발을 하는 등 앞으로 제가 개척할 영역은 무한합니다.

창업을 하고 때로는 내리막길이 찾아오고, 혼자 숨어 좌절할 때도 있을 것입니다. 하지만 그 시간조차 아까워하며 앞으로 나갈 고민을 하는 것. 바로 창업가의 숙명이라 생각합니다.

그래서였을까요? 창업가의 삶에 대해 들려준 '스튜디오 봄봄' 이선용 대표의 이야기를 듣는 내내, 마치 저의 마음을 대신해서 말씀해주시는 것처럼 공감이 됐습니다.

요즘은 창업 장벽이 예전보다 많이 낮아졌습니다. 정부와 기업 등 다양한 루트에서 창업을 장려하는 기금이 넘쳐

납니다. 창업에 조금이라도 호기심이 있다면 이런 분위기에 한 번쯤 관심을 가져봤을 테죠. 그런 분들을 위해 안정적인 억대 연봉의 은행원 생활을 접고, 좋아하고 재미있는 일을 찾아 창업의 길을 선택한 이선용 대표의 사례를 자세하게 전하고 싶습니다.

이 대표는 우리은행에서 약 9년 간 은행원 생활을 하다 콘텐츠 스타트업을 창업했습니다. 퇴사 전 창업을 했고, 10억 투자를 받은 뒤 미련 없이 사표를 던졌죠. 여기까지만 들으면 어려움 없이 창업을 한 창업계의 금수저 같지만 그 이야기를 자세히 들어보면 순탄함이란 눈 씻고 찾아볼 수 없습니다.

그의 말에 따르면 투자를 받은 시점부터는 더욱 큰 고생길의 시작이었다고 합니다. 투자를 받으면 어느 정도 해볼 만한 것 아닐까 생각했다면 그의 이야기에 집중해주길 바랍니다. 동업자와의 만남과 헤어짐부터, 원래 하려고 했던 사업의 방향을 전환하기까지. 그 이야기를 지금부터 소개합니다.

은행원의 이중생활

높은 연봉에 안정적인 꿀직장, 보수적인 조직문화와 재미없을 것만 같은 사람들. 흔히 은행원 하면 떠오르는 이미지입니다. 실제 은행의 모습이기도 합니다. 이런 은행의 조직문화에 처음부터 만족하지 못했던 이선용 대표는 늘 일의 의미에 대해 고민하며 수많은 질문을 스스로에게 던졌다고 해요.

사실 일이라는 건 우리에게 수단으로서 존재해야 합니다. 그러나 이선용 대표를 포함한 대부분의 직장인은 그런 생각을 할 겨를조차 없죠. 허둥지둥 출근해 오전, 오후 근무를 마치고 때때로 회식까지 참여하고 나면 녹초가 되어 잠드는 게 일상입니다.

이런 삶을 살아가고 있다면, 일이 삶을 완전히 지배하는 구조가 될 수밖에 없습니다. 어느 순간 '현타'가 찾아와도 또 습관적으로 회사로 향하게 되죠. 한 달에 한 번 월급이 들어오는 짧은 즐거움을 느끼면서요. 일은 수단이어야 하는데 삶이 돼버린, 주객이 전도된 삶에 점점 의문이 쌓이게 됩니다.

이선용 대표는 은행에 들어가자마자 고민을 시작했습니다.

'나에게 가장 중요한 가치는 무엇인가. 그 가치를 지탱하는 시간을 일을 통해 얻을 수 있는가. 경제적인 무언가를 해야 하는 꽤 많은 시간을 나는 어떻게 보내면 좋을까.'

고민 끝에 '내가 재미있는 걸 해보자. 남들 부러워하는 직장을 그만두는 만큼 밖에서는 진짜 좋아하는 걸 해보자.'라는 다짐으로 출발선을 넘게 됩니다. 사이드잡을 해보기로 결심한 것이죠. 회사에 다니면서 창업을 시작해, 이후 약

이선용 대표가 생각한 창업 소재의 기준

나에게 재미를 주는 아이템

① 스쿠버다이빙 → 14개월 진행 후 폐업, 투자 비용 2,000만 원.

② 책(을 기반으로 한 콘텐츠) → 은행을 다니며 3년간 사이드잡 진행, 투자비용 1억 2,000만 원.

5년간 은행원과 사이드잡, 이중생활을 하게 되었습니다.

스쿠버다이빙과 책. 이선용 대표에게 재미를 주는 가장 큰 아이템이었습니다. 첫 번째 창업 아이템으로 선택한 건 스쿠버다이빙 중개서비스, '다이빙 코리아'였어요. 스쿠버다이빙 강사를 사용자와 연결해주고 투명한 피드백을 받는 어플리케이션 서비스를 꿈꿨죠.

회사에 다니며 틈틈이 앱을 개발해줄 개발자를 섭외하고, 짬날 때마다 제주도로 날아가 앱에 강사 프로필을 등록해줄 거래처를 확보했습니다. 꽤 괜찮은 비즈니스 플랫폼을 기획했습니다. 자본금 2,000만 원, 마이너스 통장을 개설해 시작한 이선용 대표의 첫 창업이었죠. 그런데 그 서비스는 세상의 빛을 보지 못했습니다.

초보 창업자의 좌충우돌 창업기

스쿠버다이빙 중개서비스 론칭을 준비하던 이선용 대표에게 뜻밖의 문제가 생깁니다. 제주도를 베이스로 플랫폼을 구축하던 중, 일부 다이버들이 제주도에서 양식 전복과 물고기를 불법으로 건져 올리는 일이 벌어진 것입니다. 이 사건으로 제주도는 도내 스쿠버다이빙 활동을 전면 금지합니다. 서비스를 70퍼센트 이상 개발했던 이선용 대표는 막막했죠. 금지 조치가 장기적으로 이어질 기미가 보이기 시작했고, 지자체와 잘 풀 수 있을 것 같다는 희망은 점점 멀어집니다.

반년을 기다려도 해결될 기미가 보이지 않자, 이 대표는 사업을 깔끔하게 접기로 마음먹습니다. 이미 계약된 다이빙 업체 중 상당수가 연락되지 않거나, 문을 닫아 도저히 사업을 진행할 수 없는 상황이었죠. 결국 첫 창업 시도는 생각보다 허무하게 끝을 보았습니다.

플랫폼 개발을 위한 개발자의 인건비로 들어간 자본금 2,000만 원은 폐업과 함께 사라졌습니다. 하지만 하나의 플랫폼을 어떻게 기획하고 준비해야 하는지, 실행 단계에서는 무엇을 고려해야 하는지 전체 흐름을 알게 되었죠. 비싼 수업료였지만 소중한 경험이었습니다.

이선용 대표는 중간에 멈출 수는 없었습니다. 퇴사를 위해서는 다른 아이템을 빨리 만들어야 했어요. 스쿠버다이빙 사건으로 식구들은 이 대표가 회사를 열심히 다니지 않으면 안 된다는 분위기로 그를 압박했습니다. 그러나 이 대표는 '내 일을 하겠다.'라는 선언을 철회하지 않았습니다. 그리고 곧바로 두 번째 카드를 꺼냅니다.

두 번째 아이템은 책이었습니다. 독자와 작가가 함께 스토리를 만들어가는 콘텐츠 플랫폼을 구축하는 사업이었죠. 사실 처음에는 사업에 대한 구체적인 생각은 없었다고 합니다.

'작가들을 모을 수 있는 좋은 방법을 찾아보자. 그것을 종이든, 웹이든 만들어보자. 뭐든 되겠지.'

이 정도의 막연한 생각으로 일을 시작했습니다.

일단 팀을 꾸려야 했습니다. 아직 회사에 다니는 상태였고, 모든 일을 혼자 할 수 없었습니다. 당시 이선용 대표가 창업한다고 하자 관심을 보이는 사람들이 하나둘 모였습니다. 개발자, 회계사 친구, 종종 함께 술 마시던 후배까지.

창업 경험이 전혀 없는 네 명이 모여 팀이 됩니다.

이 대표는 '이제 다 됐다.'라고 생각했을 때, 팀원들이 물었습니다.

"대표님, 작가가 없잖아요. 한 50명은 있어야 하는거 아니에요?"

아뿔싸. 그제야 이 대표는 어디에서 작가들을 모아야 할지 고민합니다. 지푸라기라도 잡고 싶은 심정으로 건너, 건너 아는 방송작가를 소개받았습니다. 그리고 그 방송작가를 통해 구성작가협의회 사이트가 있다는 정보를 알게되죠.

이 대표는 당시 작가 모집 경험을 "패기 넘쳤죠."라고 회상했습니다. 그는 구성작가협의회 게시판에 무작정 글을 올립니다.

'저희가 지금 아무것도 없이 독자와 작가가 함께 스토리를 엮어가는 콘셉트로 사업을 꾸리려고 합니다. 작가가 필요해 선착순 50명 모집합니다.'

이런 모집 글에 놀랍게도 보름 만에 지원자가 50명이 넘었습니다. 그러더니 3개월 만에 400명을 넘기게 됩니다.

작가를 간절히 찾던 이선용 대표와 자신의 글을 어떻게든 소개하고 싶은 작가 및 작가 지망생들이 통한 놀라운 결과였죠. 하지만 진짜 문제는 이제부터 시작이었습니다.

예상치 못한 지분 싸움의 시작

그렇게 선발한 작가들과의 첫 만남을 준비할 즈음, 팀내 지분에 대해 옥신각신하는 의견들이 나옵니다. "내 지분이 있어야 내 회사라는 생각이 들지 않겠느냐!"라는 팀원들의 강력한 주장이었죠.

이선용 대표는 제대로 된 결과물도 없는 상황에서 지분은 의미 없다고 생각했지만, 같이한 팀원들의 입장은 달랐습니다. 앞으로 키워갈 회사인 만큼, 확실히 영역을 구분해야 한다는 필요성을 느낀 것이죠. 이 대표는 팀원들과 형식적으로라도 최소한의 약속을 해야 했습니다. 그래서 지분을 1:1로 정하고 계약서를 작성했습니다.

드디어 작가들과의 모임을 시작했습니다. 이 대표는 그

모임에서 지금까지 동고동락하는 동업자 김희라 이사를 만나게 되죠. 김 이사는 지원 작가로 참석한 사람이었는데, 이 대표에게 사업에 대한 아이디어와 방향을 거침없이 이야기했다고 합니다.

이 대표는 그녀의 이야기를 듣는 순간, '무조건 저분을 데려와야겠다!'라는 생각이 들었다고요. 그래서 "아이디어를 간단히 문서로 정리해줄 수 있으신가요?" 물었더니 바로 다음 날 아침, 수십 장의 기획안으로 정리된 문서가 메일로 도착했다고 합니다.

그는 메일을 받고, "너무나 적확하고 필요한 사람이니 꼭 데려와야겠다."라고 팀원들에게 말합니다. 기존 멤버들은 반대했습니다. 지분 배분 문제 등 이미 구축된 구조가 흔들릴 것에 대한 염려 때문이었을까요? 그들은 자신들과 다른 지위로 그녀를 합류시키자고 했죠. 그래서 그녀는 애매하게 인턴이라는 직책으로 함께하게 됩니다.

이후로 몇 년간 누군가는 팀을 그만두고 또 새로 들어오는 과정이 반복됐죠. 투자를 받느냐 마느냐 의견도 왔다 갔다 하면서요. 그러나 인턴으로 합류했던 그녀는 편집이사,

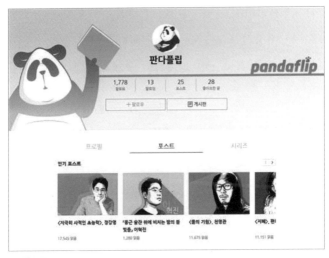

판다플립의 비즈니스 아이템은 '초단편 소설'이다. 이선용 대표는 순수문학과 장르문학 등 이야기를 2,000자 내외로 완결성 있게 쓴 '초단편 소설' 플랫폼으로 판다플립을 브랜딩했다. 김연수, 천명관, 조남주 등 한국을 대표하는 작가들의 참여로 좋은 반응을 얻었다.

부사장을 거쳐 지금까지 이 대표의 동업자로 남아있습니다.

이 모든 게 딱히 프로덕트에서 실제 금전적 가치도 창출하지 못하던 시점의 일이었습니다. 이 대표가 아직 은행을 다니던 시기이기도 했고요. 이런 사건을 경험하며 이선용 대표는 '이상적인 조직'을 꾸리고 싶다는 부푼 꿈을 꾸었지만, 이는 결코 쉽지 않은 과제라는 걸 뼈저리게 깨달았죠.

10억을 투자받고 드디어 사표를 냈습니다

이 대표는 새로운 팀원들과 좌충우돌하던 와중에도 은행을 다니고 있었습니다. 하지만 언젠가는 회사를 그만두어야 했습니다. 스스로 그만둬야 할 시점을 정해야 했죠. 그는 퇴사 시점에 대해 두 가지 기준을 만들었습니다. 최소 10억 원 이상 투자를 받거나, 월급을 제대로 줄 수 있을 만큼 매출이 나오거나.

그때 한 대형 출판사로부터 투자에 관심이 있다는 소식을 듣게 됩니다. 첫 번째 투자 유치 기회가 온 거죠. 직원들은 뜻밖의 기회에 들썩이기 시작했어요. 하지만 이 대표는 고민이 깊어졌습니다.

여기서 잠깐, 개인적으로 이 대표와 대화를 하며 대형 출판사와 투자 이슈가 나오게 된 에피소드가 참 인상적이었는데요.

당시 인턴이던 지금의 동업자, 김희라 이사가 우연히 한 카페에서 평소 존경하던 작가를 보게 됩니다. 인사한 적도 없는 사이지만 용기를 내어 현재 이선용 대표와 회사가 준비하는 사업에 대해 다짜고짜 브리핑했다고 합니다.

그 작가는 긴 글이 아닌 짧은 글을 선호하는 요즘 시대에 맞는, '초단편 소설'을 기반으로 한 비즈니스가 매우 흥미롭다며, 투자할 만한 출판사에게 이 사업을 추천하겠다 했답니다.

비즈니스의 가능성이 있음을 업계 영향력 있는 사람에게 처음으로 인정받게 된 것이죠. 안면도 없던 유명 작가에게 대표도 아닌 사람이 선뜻 다가가 사업에 대한 설명하다니 참 놀라웠습니다. 아마도 김희라 이사는 사업에 대한 확고한 자신이 있었던 모양입니다.

이 일을 계기로 팀원들은 한껏 고무되었습니다. 하지만 투자를 받는다는 것이 쉬운 일이 아니라는 걸 한 번이라도 경험해보신 분이라면 알 겁니다. 우선 내가 지향하는 비즈니스 모델에 대해 투자자가 제대로 이해해야 하죠. 투자자 입장에서 가장 관심 있을 수익성 부분도 잘 파악해야 하고요.

이선용 대표가 진행하던 사업은 수익이 바로바로 보이는 사업이 아니었습니다. 이런 사업은 투자자와의 커뮤니케이션에서 난항일 때가 많죠. 서로의 신뢰와 이해를 쌓기 위해 충분한 소통이 필요한데 이것이 생각만큼 녹록지 않기 때문입니다.

투자 설명을 할 기회는 얻었지만, 이선용 대표의 머릿속은 오히려 복잡해졌습니다. 서로에 대한 이해가 부족한 상황에서 어떻게 해야 이 관계가 원만히 진행될 수 있을지 걱정이 앞섰죠. 그러다 보니 '회사 경영권을 지나치게 침해

하는 것은 아닌가? 우리가 하려는 사업을 제대로 이해하고 있나? 회사 가치를 얼마나 인정해줄까?' 등 수십 가지 고민이 이선용 대표의 마음을 힘들게 했습니다. 이렇게 흔들리는 마음으로 진행한 설명은 제대로 진행되지 못했습니다. 첫 번째 투자는 무산되었죠.

이 일을 시작으로 이 대표는 팀원들과 투자에 대한 의견 차이가 생기기 시작했습니다. 팀의 온도는 점점 차가워졌죠. 직원들의 기대를 모르는 바 아니나 여러 가지 의문을 안은 채 투자 유치를 할 수는 없다고 생각했습니다.

그러나 업계 주요 회사와의 소중한 투자 기회가 날렸다고 생각한 직원들의 사기는 그야말로 순식간에 곤두박질쳤습니다.

야속하게도 딱 그 시기, 이 대표의 주머니도 비기 시작했습니다. 이 대표는 막연하게 투자금으로 재정 부족을 타개해봐야겠다고 생각했는데, 현실에서는 그것이 쉽지 않으니 고민이 깊어질 수밖에 없었습니다.

이미 직원들의 급여 일부도 이선용 대표의 은행 급여로

충당하고 있었습니다. 더이상 자금을 융통할 루트가 없었죠. 고민 끝에, "돈 빌려줘."라는 말을 "투자 해줘."라는 말로 바꿔 지인들을 통해 개인 투자를 받기로 합니다.

한 후배가 선뜻 첫 투자자로 참여했고, 이후 세 명의 개인 투자자를 유치합니다. 당장 걱정은 사라지게 되었지만 많은 대표들이 공감하듯, 월급날은 야속하게도 너무나 빨리 돌아왔습니다. 상황을 안 팀원들이 자체 임금 삭감에 동의합니다. 매출이 날 때까지 조금 더 같이 고생하자면서요. 물론 그만큼 서로를 충분히 이해했기에 가능한 결과였을 테고요.

하지만 콘텐츠 스타트업의 특성상 매출이 쉽게 일어나지는 않았습니다. 대표의 고민은 점점 더 깊어 갔죠.

'개인투자도 받을 만큼 받았고 자체 임금 삭감까지 한 상황. 그 다음은?'

이 대표는 첫 투자 기회가 어긋났던 출판사를 다시 찾아갔습니다. 이전에는 그렇게 적극적이지 않았으나, 상황이 어려워진 이 대표가 먼저 이야기를 꺼냈죠.

"정말 투자를 받아야겠습니다."

다행히도 출판사는 이선용 대표를 계속 눈여겨 봐왔고, 다른 투자 파트너와 함께 10억 원을 투자하기로 합니다. 그리고 이선용 대표는 드디어 사표를 던졌습니다.

아파도 힘들어도 안 되는 '대표'라는 직책

퇴사하면 신나고 기쁜 줄만 알았는데, 곧 다른 문제가 터지기 시작합니다. 건강과 관계, 크게 두 가지 문제였죠.

관계의 문제가 가장 먼저 시작되었습니다. 지금까지는 낮에 회사를 다니다 퇴근 후, 최대한 짧은 시간 내 의사결정을 해왔죠. 그런데 그가 풀타임으로 창업에 매달리면서 모든 게 꼬이기 시작합니다. 그전까지 일과시간에는 은행에서 근무 중인 이선용 대표 대신 다른 경영진의 의사결정으로 일이 진행되었는데, 풀타임 대표가 등장하자 보고 절차가 하나 더해져 혼란이 찾아왔습니다. 구성원들은 업무 효율도 떨어지는 기분이었죠. 소통이 제대로 되지 않아 다

툼이 잦아지고 점점 커지게 됩니다.

그다음으로 누적된 건강상의 문제. 신체적 건강뿐 아니라 정신적 건강까지도 과부하가 생기기 시작했는데요. 누적된 피로는 회사를 그만두면 시간 여유가 생길 줄 알았지만 현실은 정반대였습니다. 잠자는 시간은 늘 새벽 4시. 이 대표는 '뭐라도 해야겠다.'라는 마음에 늘 여유가 없었죠.

투자자들이 쏟아내는 피드백도 하나하나 대응해야 했습니다. 대표가 스스로 해결할 수 없는 영역이 늘어난다는 걸 깨닫게 되었죠. 이런 것들이 쌓이다 보니 신체적으로도 정신적으로도 건강은 점점 악화되었습니다.

특히 투자자들의 자금을 쓸 때마다 이해도가 엇갈리는 상황은 이선용 대표를 가장 괴롭게 했습니다. 이제 돌이켜 보면 투자자가 플랫폼에 대한 이해도가 떨어졌고, 소통이 충분하지 못했기에 당연히 힘들 수밖에 없었습니다. 하지만 한시가 아까운 당시 상황에서 늘 눈앞의 일이 우선시 되었기에 멀리 보는 여유 따위는 없었습니다. 그러자 간극은

좁혀지지 않았죠.

주위의 불만은 360도로 점점 쌓여만 갔습니다. 그러나 이를 대표 혼자 해결하는 건 불가능했죠. 딱히 대화를 나눌 사람도 없었습니다. 지인들은 죄다 직장인들이라 대표의 마음에 공감해줄 수 없었어요.

"그저 집 앞에서 맥주 한 캔 마시며 마인드콘트롤 하는 것 외에는 방법이 없었죠."

이 대표는 당시를 떠올리며 말합니다. 저 또한 매우 공감하는 부분이었습니다.

이렇게 엉망진창 힘들고 괴롭지만, 해결 또한 대표가 할 수밖에 없습니다. 성장의 동력을 얻어 소진된 것들을 건강하게 되돌려야 하고, 명확한 방향을 설정해 팀과 비전을 나누면서요. 그렇게 버티며 앞으로 나아가는 게 대표의 역할이기에, 감당할 수 있는 '선'을 잘 그어야 합니다.

방향과 동력, 끊임없이 찾아야 합니다

방향과 동력. 이선용 대표가 전하고자 한 핵심 주제였습니다. 인생을 항해라고 한다면, 어딘가 방향을 정해야 하고, 그쪽으로 가기 위해서는 동력이 필요하니까요. 그런 의미에서 방향과 동력이란, 인생에서 벌어지는 어떤 일에도 다 필요한 게 아닐까 싶습니다.

이 대표는 은행을 다니며 스쿠버다이빙과 책, 두 개의 사업을 시도했습니다. 두 번째 창업 아이템, 작가와 독자가 함께 이야기를 만들어나가는 콘텐츠 플랫폼은 '판다플립'이라는 이름으로 문을 열었죠. 카카오페이지 등과의 제휴를 통해 힘 있는 유료 소설 콘텐츠로 자리를 잡아가는 중입니다.

또 2019년에는 카카오페이지와의 공동 프로젝트로 〈언유주얼〉이라는 종이 매거진을 론칭하며 새로운 행보를 시작했습니다. 그간 온라인 소설 플랫폼으로 콘텐츠를 소개했다면 이를 완성된 종이 형태로 독자와의 새로운 소통 창구를 찾기 위해서죠.

새로운 시도와 나름의 반향에도 이 대표는 "아직도 어려운 일 투성이고 힘든 고비는 늘 찾아오더라고요."라고 담

〈언유주얼〉은 밀레니얼 세대를 위한 문화 콘텐츠 매거진을 표방한다. 현재 5호까지 출판이 되었고 순항 중이다. 잡지 콘텐츠로는 수익 창출이 어렵다고 말하는 시대, 그 고정관념을 깨줄 브랜드가 되길 기대하고 있다. (사진 제공: 이선용)

담하게 말합니다. 틈만 나면 문제들이 터지고 서비스에 대한 이해도가 부족한 투자자와는 늘 대화의 어려움을 겪기 때문이죠.

이선용 대표가 창업 3년 차쯤 됐을 때, 10년 넘게 사업을 하는 친구에게 이런 질문을 했다고 합니다.

"얼마나 하면 좀 익숙해지냐?"

친구는 덤덤하게 답했다고 합니다.

"한 10년은 해야지."

업력이라는 게 3년 만에 완성된다면, 로또 1등과도 같은 너무나 큰 행운일 것입니다. 하지만 운은 운일 뿐, 10년은 지탱해야 실제로 업의 내공이 쌓이는 게 맞는 것 같습니다.

〈언유주얼〉 매거진은 벌써 창간 6호를 눈앞에 두고 있습니다. 1호부터 매거진 분야 베스트셀러를 기록하고 있죠. 잡지를 만들기까지의 어려움도 참 많았는데, 지속적으로 활동하며 잘 버텼기에 빛을 발한 것이라 생각합니다.

이 대표는 건강, 관계, 투자자와의 문제 등 이 모든 것들을 해결하는 과정에서 수많은 시행착오를 겪었습니다. 하지만 이를 재정비하는 과정을 통해 나아가야 할 방향성을 제대로 설정할 수 있었죠.

이런 어려운 과정에도 이선용 대표는 "절대 퇴사를 후회하지 않는다. 지금 하는 일로 끝까지 달릴 겁니다."라고 말합니다. 매일 굴곡진 산을 넘듯 사건 사고가 끊이지 않아 불안한 마음에 악몽을 꾸면서도 말이죠. 이는 내 브랜드를 만들어가는 설렘 때문이 아닐까 생각됩니다.

어떤 방향과 동력을 설정하든 현실에서 잘 버텨내는 힘이 무엇보다 중요합니다. 창업은 쉽지 않고 창업가는 외롭습니다. 언제 올지 모르는 파도를 기다리는 것 같은 하루하루를 살아가죠. 퇴사 후 창업가로서의 삶을 조금 더 현실적으로 바라봐야 하는 이유입니다.

이선용 대표의 창업 히스토리

① 스쿠버다이빙 중개서비스 '다이빙 코리아'
   14개월 만에 폐업. 2,000만 원 손해
② 2015년 온라인 소설 플랫폼 '판다플립' 론칭
   국내 대표 작가들 '초단편 소설' 소개, 1억 2,000만 원 투자, 초단편
   소설 아이템으로 10억 원 투자 유치
③ 2018년 일반인 독자 참여 가능한 '새벽두시' 론칭
   누구나 초단편을 쓸 수 있는 SNS 플랫폼 오픈
④ 2019년 종이 매거진 〈언유주얼〉 론칭
   카카오페이지와 공동 프로젝트로 진행, 현재 진행 중

* 메인 수익은 카카오페이지, 리디북스 등에서 판매 중인 초단편 소설
* 비투비(B to B) 서비스 적극 시도 예정

이선용 대표의 향후 비즈니스 모델

기획사
작가를 전문적으로 매니지먼트, 작가 양성, 출판, 유통, 매거진 등을
통해 수익 및 저변 확대

04

덕업일치의
행운과 기적

안전가옥 대표 ∘ 김홍익

"큰 변화는 개인이 혼자 발버둥친다고 일어나지 않습니다.

변화는 시대의 거대한 흐름입니다.

잘 보고 그 파도에 올라타야 합니다."

특별하지 않아도 괜찮을까요?

이런 고민 한 번쯤 해보지 않았나요? 나는 너무 평범하다. 저의 경우, '나는 세상 그 누구보다 평범한 사람이다.'라고 생각하며 살아왔습니다. 중학교 때는 당시 최고의 인기 아이돌이던 젝스키스를 좋아했고, 고등학교 때는 수능 공부에 전념했죠. 딱히 특별할 게 없었어요.

어떤 분야에 천부적 소질이 있거나 유별난 취미에 빠진 적도 없었습니다. 대학교 입학 후에도 크게 달라진 건 없었죠. 막연히 기자가 되면 어떨까 싶은 마음에 정치외교학을 전공했고, 틈틈이 동아리 활동을 하며 대학을 다녔습니다.

광고회사를 다니게 된 것도 큰 뜻을 품고 준비해서 입사한 것이 아니었습니다. 건너 아는 친구가 광고회사에 들어갔는데, 일주일에 하루 와서 도와줄 아르바이트생을 뽑는다고 했습니다. 급여가 나쁘지 않았고, 매일 중앙도서관에서 사는 것도 지겨울 때라 기분 전환 겸 시작하게 되었죠.

주 1회 아르바이트로 간 광고회사에서 다음날 인턴이 되었고, 얼마 지나지 않아 신입사원이 되는 사건이 벌어졌습니다. 인턴으로 같이 일했던 팀과 호흡이 잘 맞았던 게 이유가 아니었을까 싶습니다. 그렇게 엉겁결에 시작한 회사 일은 생각보다 즐거웠습니다. 취준생에게 현업은 생생한 기운을 주었죠.

그렇게 햇수로 9년간 세 개의 회사를 거쳤습니다. 이직을 하며 적당히 연봉을 올렸고, 고과가 좋으면 꽤 많은 인센티브를 받기도 했죠. 광고회사도 회사이기에 업무 루틴이 생겨 익숙해졌고, 그 안에서 업계 분들과 관계를 다지며 연차를 쌓았습니다.

그러다 별안간 공간을 창업해보겠다며 퇴사를 강행했습니다. 9년 차 직장인의 출근 종료 선언은, 회사 내부에서 나름 화제가 되었죠. 당시에는 지금처럼 젊은 나이에 직장을 나와 창업하는 사람이 많지 않았기에 부럽다는 사람도 그만큼 많을 수밖에 없었습니다.

저는 나름대로 다양한 경험을 통해 좋아하는 것, 잘하는 것을 발견하기는 했지만 기본적으로는 이렇게 흘러가는 대로 살았어요. 좋아하는 분야 혹은 관심 분야에 매우 몰입하는 사람을 지칭하는 소위 '덕후'였던 적은 없었죠. 그런 저에게 김홍익 대표의 이야기는 매우 신선했습니다. 그는 아주 일찍부터 명확한 관심사를 가진 엄청난 덕후였기 때문이죠.

김 대표는 삼성전자, 카카오를 거쳐 장르 문학을 발굴하는 스토리 프로덕션, '안전가옥'을 운영하고 있습니다. '덕질(좋아하는 분야 혹은 관심 분야에 매우 몰입하여 파고드는 행위)'을 할 정도로 좋아하던 것을 일로 하게 된다는 것은 너무 행복한 일이 아닐까요? 처음 그의 이야기를 들었을 때 회사에 다니며 어떻게 덕질을 유지할 수 있었고, 이를 업으로까지 이어갔는지 알고 싶었죠.

이야기를 나누다 보니 김홍익 대표는 덕질을 포기하지

않는 집념의 능력보다 더 대단한 능력을 갖춘 사람이었습니다. 바로 '파도에 올라타는 능력'이었죠. 김 대표는 그 놀라운 능력이 특별한 사람들만의 것이 아니라, 누구든 가질 수 있다고 강조했습니다.

준비된 자가 밀려오는 파도를 만났을 때

김홍익 대표는 중고등학교 시절부터 역사와 IT에 관해 이른바, 덕후였습니다. 온갖 종류의 삼국지를 섭렵하며 어떤 일을 해야 내가 즐겁게 일할 수 있을지, 비교적 이른 시기에 깨달았죠. 대학생 시절 인턴 경험도 당시 IT업계 대표 주자였던 야후와 MS 마이크로소프트에서 쌓았습니다.

공교롭게도 인턴 시기와 국제 금융 위기 시가 맞물리면서 인턴을 했던 회사에서 정규직 채용은 불발됐지만, 이후 삼성전자에서 IT 관련 업무로 입사하며 사회생활을 시작하게 됩니다.

그 뒤에는 IT 업계의 핫이슈로 떠올랐던 카카오로 이직했고, 포털사이트 다음(Daum)과의 인수합병 등 큰 프로젝

김홍익 대표는 굵직한 경력을 거쳐 결국 좋아하던 분야의 대표직을 맡게 되었다. (자료 제공: 김홍익)

트를 완수한 뒤, 덕질 대상이던 장르 문학을 사업화한 '안전가옥'의 대표가 되었죠.

그는 첫 직장 삼성전자를 다닐 때 문득 의문이 들었다고 합니다.

'삼성이라는 거대 조직의 타이틀을 떼면 나는 뭐지? 이 회사를 오래 다닐 것 같지는 않은데. 앞으로 뭘 해야 하지? 커리어의 다음 스텝은 누구에게 물어봐야 하지?'

이런 생각이 떠오르자 이직을 알아보게 되었는데, 이상하게도 헤드헌터를 만날 때마다 삼성에 대한 애사심만 늘어갔습니다. 매달 또박또박 들어오는 고액 월급과 보너스, 그리고 누구나 아는 회사. '도대체 여기 말고 어딜 가면 좋을까?' 그의 고민은 쌓여갔습니다.

그때 김홍익 대표에게 기준점이 된 소재가 바로 모바일이었습니다. 2012~2013년 당시에는 모바일이라는 새로운 세상이 열렸고, 이와 관련된 신규 회사들이 하나둘 론칭되던 시점이었죠. 그리고 그 중심에 카카오가 있었습니다.

애니팡이라는 게임으로 주목받던 카카오는 당시 업계 내 최고의 이슈였습니다. 마침 지인이 카카오에 있어 김 대표에게도 기회가 닿았습니다. 카카오는 모바일 플랫폼을 기반으로 한 IT 업계의 새로운 세상을 만들어 가고 있었습니다. 여기에 월급이 잘 나온다는 안심 포인트도 있었다고 합니다.

그렇게 이직한 카카오에서의 첫 업무는 전략실에서 시작되었습니다. 최고 의사결정권자인 김범수 의장 옆에서 그의 요구를 처리하는 게 주 업무였죠. 너무나 빠른 성장 속도에 비해 체계가 부족했던 회사라, 그것만으로도 벅찼다고 해요. 그리고 이직한 다음해에는, 포털사이트 다음(Daum)과 합병하는 빅딜 업무로 정신없는 한 해를 보내게 됩니다.

그렇게 김 대표는 다음-카카오 PMI(Post-Merger Integration, 인수 합병 후 통합하는 기업 합병의 한 방법) 프로젝트 PM(Project Manager, 프로젝트의 작업 진행을 총괄적으로 진행하는 사람), 카카오톡 플러스친구 프로젝트 PM, 카카오톡 비즈니스 전략 담당을 거치며, 카카오의 초고속 성장을 경험하고 만들어갔습니다. 덕분에 당시 업계에서 활약했던 IT 핵심 인재들과의 네트워킹도 자연스레 형성되었죠.

변화의 파도, 그 중심에 서 있었습니다

당시 김 대표와 카카오에서 함께했던 동료들은 이후 스타트업계 핵심 인재들로 부상합니다. 동시대 가장 주목받던 다음과 카카오, 두 IT 기업 간 M&A 핵심에 있었다는 것 자체가 행운이라고 여겨진 순간이었죠.

김홍익 대표는 카카오에서의 업무 경험과 네트워크, 이 두 가지를 동시에 얻었다는 건 굉장한 행운이었다고 말합니다. 하지만 이것이 단순히 운 때문에 얻은 결과였을까요? 그는 여기에 한 가지 더 중요한 요소를 언급합니다. 바로 '위치 선정'이었습니다.

그는 삼성전자에서 이직을 고려하던 시기에 지인이 마침 카카오에 있었다는 것이 운으로 보일 수 있지만, 그 전

카카오 핵심 인재들의 성장으로 김 대표에게 카카오에서 쌓은 네트워킹은 시간이 지나자 무엇으로도 가질 수 없는 엄청난 자산이 되었다. (자료 제공: 김홍익)

부터 지속적으로 IT에 대한 그의 관심사와 이직 의사를 밝히지 않았으면 연결될 수 없는 운이었습니다.

그의 사전 작업으로 원하는 업계로 위치를 바꿀 수 있었고, 덕분에 카카오가 최고로 성장하던 시기를 바로 코앞에서 지켜볼 수 있었습니다. 당시 이를 바라보며 그는 '내가 무엇을 하느냐보다, 어디에 있느냐가 더 중요하구나.'라는 걸 깨달았다고 합니다. 때마침 그때 그곳에 있었기에 가능한 경험, 좋아하는 것과 생업이 일치하는 '덕업일치의 기적'이었습니다.

친구 따라 동아리 등 이런저런 경험을 하다 직장을 찾고, 또 나의 취향 찾기에 오랜 시간을 보낸 저에게는 인상적인 과정이었습니다. 김 대표는 운 좋게 위치 선정을 잘했다고 했지만 위치 선정은, 그 위치에 자리 잡을 만큼 준비된 사람에게만 주어진다는 생각이 들었습니다.

당시 위치 선정을 잘했기에 보았을 시대의 핵심과 변화의 파도. 그렇게 함께한 업계에서 쌓은 네트워크는 김홍익 대표의 가장 큰 자산이 되었습니다. 하지만 그의 신들린(?)

위치 선정은 여기서 그치지 않았죠.

카카오의 초고속 성장을 중심에서 지켜보던 김홍익 대표에게 두 번째 이직 기회가 찾아옵니다. 이번에는 생각지도 못한 특별한 제안을 받게 되죠. 기존 회사나 스타트업으로 이직하는 것이 아닌 사업을 해보자는 아이디어였습니다.

덕업의 끝판왕, 새로운 비즈니스 파트너를 만나다

대학 동아리 후배가 어느 날, "형, 사업 한번 해볼 생각 있으세요?"라는 뜬금없는 질문을 던졌습니다. 그 후배는 바로 현재 소셜 벤처 투자회사 HGI의 CEO인 정경선 대표였습니다.

그 사업은 당시 말로 듣기엔 다소 황당한 아이디어였는데요. 소위 '덕후'라 불리는 이들이 모여 장르성 강한 이야기를 쓰고 그 IP(지적 재산권)를 다각화하는 콘텐츠 사업을 해보자는 것이었죠. 처음 김 대표는 이 제안을 듣자마자 바로 거절했다고 합니다. 그런 황당한 사업을 나한테 왜 하자는 건지 의아했다고요.

그런데 며칠동안 그 제안이 머릿속에서 떠나지 않았습니다. 곰곰이 생각해보니 '덕후, 픽션, 글쓰기'. 이것을 누구보다 좋아하는 게 바로 자신임을 깨달았죠. 역사와 IT 덕후였고, 대학 때는 웹진 글쓰기 동호회를 만들었으며, 좋은 아티클을 번역해 올리는 게 행복한 사람, 바로 김홍익 대표 자신이었습니다. 참고로 김 대표는 지금도 '이바닥뉘우스'라는 채널에서 해외 IT 뉴스를 번역, 큐레이션 해 올리는 일을 취미로 하고 있습니다.

그는 결심합니다.

"좋아, 콘텐츠 IP를 시스템화할 회사를 제대로 만들어 보자."

김홍익 대표는 그렇게 안전가옥 대표직을 맡게 되었습니다. 그는 처음 한국의 마블 스튜디오 같은 시스템을 만들겠다는 큰 포부를 가지고 시작했죠. 안전가옥은 2017년 서울 성수동에 문을 열었고, '이야기 맛집'을 꿈꾸며 다양한 작가를 발굴하는 플랫폼으로 활동을 시작했습니다. 하지만 이상과 현실은 역시나 달랐습니다.

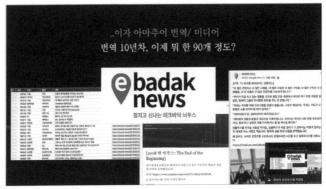

김 대표가 취미로 운영하는 번역 채널 '이바닥뉘우스'는 해외 좋은 아티클을 보면 그냥 지나칠 수 없어 번역하고 소개하며 시작한 일이다. 금전적으로 아무런 보상이 없지만 그냥 재미있어서 하고 있다. (자료 제공: 김홍익)

안전가옥은 그간 김 대표가 일했던 IT 업계와 분위기도, 규모도, 성장 속도도, 사람들의 성향과 관심사나 커리어도, 추구하는 목표도 너무나 달랐습니다. 무엇보다 처음 해보는 대표라는 직책이 쉽지 않았죠. 순탄치 않은 시작이었습니다.

할 수 있으니까 하는 것일 뿐이다

김홍익 대표를 보면 이런 생각이 듭니다. 자유로운 일, 가슴이 두근대는 일, 인생을 바쳐 사랑하는 일, 나의 성장에 도움이 되는 일, 지금 그런 일을 하고 있으니 행복한 거 아닐까? 좋아하는 일을 너무나 분명하게 알고 있기에 새로운 기회를 잘 잡을 수 있는 건 아닐까? 이런 물음에 김홍익 대표는 "그딴 거 없습니다."라고 돌직구를 날립니다.

그렇다면 왜, 라고 묻자 그 대답은 매우 현실적이었습니다.

"나름 안정적인 급여를 받고 있고, 모 회사에서 운용할 수 있는 재원이 나오며, 정경선 대표 등 믿어주는 파트너가 있으니까요. 거기에 나는 아직 나름 젊고 미혼이라 부양의

김홍익 대표가 운영하는 스토리 프로덕션 안전가옥. '안전
가옥'은 창작자들과 함께 이야기를 만들고, 출판 및 기타 IP
사업을 지원한다. (사진 제공: 원부연)

부담도 없으며, 퇴로도 있으니까요. 할 수 있으니까 하는 것일 뿐이에요."

김홍익 대표의 결론이었습니다. 어찌 보면 여러 미사여구를 써가며 행복론을 말할 수도 있지만, 오히려 솔직한 대답이 더 큰 울림으로 다가왔습니다. 그는 언제 그만둘지 또 언제 새로운 일을 할지, 늘 미지수일 수밖에 없다고도 덧붙였습니다.

많은 현실적인 이야기 속에 김 대표가 무엇보다 강조한 것은 "파도에 올라타야 한다."라는 점이었습니다.

"그런 큰 변화의 흐름은 개인이 혼자 발버둥친다고 일어나는 게 아닙니다. 시대의 흐름인 것이죠."

김 대표 자신이 변화의 시기, 파도에 올라타는 위치 선정을 잘 해왔듯이 그 흐름을 읽는 것이 중요하다는 것입니다.

파도를 마냥 기다린다고 파도를 탈 수 있는 것이 아닙니다. 파도가 왔을 때 잡아탈 수 있도록 준비해야 하죠. 나의 방향성과 역량을 갈고 닦으며 다가오는 파도를 주시해야 합니다. 결국, 준비된 자만이 티켓을 얻을 수 있습니다.

그의 관심사가 앞으로 어떻게 펼쳐질지 누구도 알 수 없습니다. 하지만 지금껏 그래왔듯, 현업에서 최선을 다하며 다가오는 파도 위에 올라 타 매번 더 좋은 기회를 만들어가지 않을까 기대하게 됩니다.

김 대표는 선택의 갈림길에서 의사결정의 중심에 선다면, 다음 페이지의 다섯 가지 질문 사항을 고려해보라는 팁을 주었습니다. 그의 팁은 그가 커리어에 대해 내린 결론만큼이나 참 현실적인 것들입니다. 비슷한 상황에 닥쳤을 때 이 질문들을 자신에게 던져보길 바랍니다. 분명 자신의 상황을 객관적으로 파악하는 데 도움을 줄 것입니다.

갈림길 앞에서 위치 선정의 고수
김홍익 대표가 스스로에게 던지는 질문

① **과거의 나는 할 수 없던 일인가?**

　이 일이 얼마나 도전적인 일인지 가늠할 수 있습니다.

② **지금의 내가 할 수 있는 일인가?**

　지금 나를 둘러싼 상황을 감안했을 때 충분히 받아들일 만한 조건인지, 시간이나 능력적으로 할 수 있는 일인지를 가늠할 수 있습니다.

③ **미래의 나에게 부끄러운 일인가?**

　만약에 미래에 내가 장관 임명을 받고 청문회에 선다면 지금 결정할 그 일이 부끄러운 일이 될까요?

④ **인생은 제로섬 게임, 다시 올 기회인가?**

　지금 놓친 기회를 다른 누군가가 붙잡을 수 있다는 점, 생각해봐야 합니다.

⑤ **내가 안 하고 남이 하면 배가 아플 일인가?**

　이 기회를 내가 안 잡고 다른 사람이 한다면 많이 속상할 것 같나요?

05

스타트업,
도대체 어떤 곳인가요?

와이낫미디어 이사 。 홍일한

"스타트업은 회사의 형식 중 하나일 뿐이에요.
그래서 스타트업에 갈지를 고민하기에 앞서
내가 어떤 일을 하고 싶은지가 더 중요해요."

스타트업, 언제부터 생긴 단어일까요?

요즘 '창업'이라고 하면 '스타트업'을 떠올리는 분들이 많습니다. '스타트업'이라는 단어는 미국 실리콘밸리에서 처음 사용된 단어입니다. 혁신적 아이디어와 기술을 보유하고 있지만, 자금과 경험은 부족한 신생 기업을 의미합니다.

국내에서 스타트업이 주목받게 되면서, '스타트업스러운' 문화가 하나의 트렌드로 부상하게 되었습니다. 하지만 스타트업의 구체적인 용어나 문법들을 제대로 이해하는 사람은 많지 않습니다. 아직은 널리 경험을 공유할 만큼 수가 많지 않아서죠. 스타트업을 시작한 대표와 임원들도, 또 새로 뽑힌 직원들도, 아직은 사업을 만들어가는 입장이기에 명확한 내용을 전하기란 쉽지 않습니다.

지식 콘텐츠 플랫폼 '폴인'에서 진행했던 두 번째 밥벌이 스터디 '퇴사레시피'에 참여했던 직장인 중에도 스타트업에 취업하는 것에 관심을 가진 분들이 많았습니다. 특히 첫 직장인 대기업 사무영업직에서 11년째 근무하고 계신 지원 씨의 경우, 스타트업에 관심은 많은데 어떻게 알아보면 좋을지 정보가 없다고 고민을 털어놨었습니다.

그녀는 스타트업의 업무에 대한 정보는 어떻게 얻고 입사 지원은 어떻게 해야 하는지, 네트워킹이 중요하다는데 어디로 가야 네트워킹을 할 수 있는 건지, 스타트업의 내부 시스템은 어떻게 돌아가는지, 하나하나 궁금해했죠.

스타트업도 하나의 회사입니다

앞서 말했듯이 스타트업은 법적인 분류는 아닙니다. 직원 규모에 따라 자영업과 소상공인으로 나누거나, 형태나 매출에 따라 개인사업자와 법인사업자로 분류하는 게 일반적이죠. 창업 지원 기관에서 규정한 '스타트업'의 기준도 있겠지만, 이 역시 정확한 법적 분류는 아닙니다.

스타트업의 스펙트럼은 정말 다양합니다. 콘텐츠 분야, 유통 분야, IT 분야, 공유 경제 분야, 제조업 분야 등, 어떤 업종에서 어떤 혁신을 시도하는지에 따라 모이는 사람도, 투자하는 사람도, 필요한 업무 능력도, 시장과 소비자도 다 다릅니다. '스타트업'이라고 하나로 뭉뚱그려 설명하기란 쉽지 않은 것이죠. 우리가 취업할 때 내가 지원할 기업이 어떤 회사고 어떤 일을 하며 어떤 복지를 제공하는지 살펴보면 성격이 다 다르듯, 스타트업도 각양각색입니다.

결국 '스타트업에 다녀 보고 싶은가?' 하는 문제보다 내가 어떤 일을 하고 싶은지가 더 중요한 문제입니다. 그래야 내가 어떤 스타트업에서 어떤 일을 할 수 있을지 답을 찾을 수 있죠. 뉴미디어 스타트업 '와이낫미디어'에서 전략기획 팀을 총괄하고 있는 홍일한 이사의 이야기를 들으며 그 중요성을 더욱 깨닫게 되었습니다.

홍일한 이사는 재미있는 이력의 소유자입니다. 보컬 지

망생이었던 그는 18살에 노래를 부르다 성대를 다치고는 하고 싶은 일이 없어졌다고 해요. 고민 끝에 음악과 콘텐츠로 비즈니스를 해보는 진로를 선택, 군 제대 후 호주로 음악 공부(엔터테인먼트 경영학 전공)를, 영국으로 콘텐츠 공부(문화콘텐츠 기업학 전공)를 떠납니다.

귀국 후 잠시 영어 학원 등 교육사업을 하기도 했었습니다. 하지만 사업은 그에게 맞지 않았어요. 경영을 하면서 영업까지 해야 하는 일이 스트레스였죠. 그는 수입은 괜찮았지만, 사업은 체질이 아니라는 걸 깨닫고 회사에 다녀야겠다고 결심합니다.

이후 전공을 살려 CJ ENM 콘텐츠 사업전략 담당, 스튜디오 드래곤 사업전략 담당, SK텔레콤 콘텐츠&플랫폼투자전략 담당 업무를 하며 커리어를 쌓았습니다. 그리고 2019년 뉴미디어 스타트업 '와이낫미디어'의 전략기획 이사로 자리를 옮겼습니다. 그는 문화 콘텐츠 산업에 사명을 갖고 스타트업 회사에서 새로운 도전을 할 계획이라고 합니다.

자신이 원하는 길을 찾아 달려온 그는 스타트업이란 것을 하나의 덩어리처럼 뭉뚱그려 생각하지 않기를 당부했습니다. 스타트업은 앞서 말씀드린 대기업, 중소기업 같은 회사의 형식 중 하나일 뿐, 결국 다른 회사를 생각할 때처럼 나의 능력과 열망, 가고자 하는 회사의 상황을 꼼꼼히 살펴야 한다는 거죠.

"스타트업은 회사의 형식 중 하나예요. 각 회사의 성격은 저마다 다르죠. 그러니까 스타트업을 가겠다고 생각할 게 아니라, 어떤 직종과 규모의 회사에서 어떤 일을 해야겠다는 생각이 선행되어야 합니다."

그는 스타트업 선택에 앞서, 자신에 대한 이해가 먼저라고 조언합니다. 퇴사, 이직 등 다음 행보를 고민하는 이들에게, 결정에 앞서 스스로 무엇을 원하는지 발견하는 게 가장 중요하다는 것이 그의 메시지입니다. 먼저 우선순위 모델을 정리하고 리스크를 떠안지 않고 다음 스텝으로 나아갈 전략을 세워야 한다는 것이죠. 이를 위해선 끊어지지 않을 줄을 잡아야 잡고 있던 줄을 놓는 '타잔의 법칙'을 기억해야 한다고 강조했습니다.

나만의 '우선순위'는 무엇일까?

"퇴사를 하든 스타트업으로 이직을 하든 그 전에 생각할 것은 내 인생이 가장 중요하다는 것이에요."

홍일한 이사는 언제나 나라는 사람을 가장 먼저 들여다봐야 한다고 말했습니다. 퇴사, 이직, 창업을 결정하기 전 내가 뭘 좋아하고, 어떤 사람이 되고 싶은지, 무엇에 가치를 두는지 알아야 한다는 것이죠. 내가 어떤 일을 좋아하는지 알아야 구체적인 선택을 할 수 있다는 것입니다.

자신이 좋아하는 것을 알기 위한 방법으로 그가 제안한 것은 '우선순위' 찾기였습니다. 방법은 간단합니다. 종이와 펜을 준비하고 아래 두 가지 과정을 실행합니다.

① 내 커리어에서 중요한 목표 25가지를 떠오르는 순서대로 적는다.
② 그 중 정말로 중요하다고 생각하는 5가지를 선택한다.

홍 이사의 말을 듣고 저도 해본 것이 다음과 같습니다. 고심 끝에 써보고 고른 저의 우선순위 목록입니다. 25개

원부연의 답변

1. 법인 회사 만들기

2. 직원 양성

3. 한 달에 하나씩 프로젝트 하기

4. 매출 두 자리 성장 (전년 대비 10퍼센트 이상)

5. 플랫폼(공간) 만들기

6. 일부 공간 리브랜딩

7. 좋은 친구들과의 여행

8. 가족과의 아이디어 회의

9. 새로운 사람들과의 네트워킹

10. 콘텐츠 강화(교육)

11. 모임 플랫폼 아이디어 보완

12. 일 년에 책 한 권씩 쓰기

13. 새로운 트렌드 공부

14. 소비자와 커뮤니케이션

15. 신규 사업 공모

16. 유튜브 채널 운영

17. 직원들과의 인사이트 여행

18. 공간 리모델링, 변화

19. 지속적인 신규 사업 투자 및 고민

20. 부동산 관리

21. 사회적으로 도움이 될 만한 활동(무료 교육 등)

22. 해외 지점 설립

23. 매장 강남권 진출

24. 세계 일주

25. 명상, 멘탈 관리

중에서 가장 중요한 5가지는 글자에 색을 입혀 표시했습니다. 처음 두 개의 질문이라 간단해 보였지만, 막상 답을 적으려니 쉽지 않았습니다. 그래도 어찌 쓰기 시작하니 막막함이 사라지고 생각이 꼬리에 꼬리를 물며 떠올라 목록이 늘어났죠. 힘들게 25가지를 다 쓰고 이중 가장 중요한 5가지를 고르려니 그것도 쉽지 않았습니다. 여러분도 한번 해보시길 권합니다.

이 목록의 의미는 무엇이었을까요? 홍 이사는 우선순위에 있는 정말로 중요한 5개를 제외한 남은 20개 리스트는 시간과 에너지를 소모시키는 원인이라고 말했습니다. 우선순위 5개를 실행하는 데 써야 할 시간과 에너지를, 상대적으로 덜 중요한 20개에 나누어 쏟느라 쉽게 소진한다는 거죠.

나머지 20개도 나름 하고 싶은 일이었는데, 시간과 에너지를 갉아먹는 요인이라니 의외였습니다. 그러나 한편으로 너무나 많은 '할 일(To do list)' 때문에 머리가 복잡한 저 같은 사람에게, 일의 에너지를 적절히 배분하는 데 도움이 되는 효과적인 실험이기도 했습니다.

생각해보면, 많은 분들이 우선순위가 낮은 일로 고민하느라 시간을 쏟는 경우가 허다합니다. 일을 비효율적으로 만드는 원인이기도 하고요. 다음으로 가기 위한 걸림돌이 될 수도 있습니다.

"이 우선순위 설정법은 세계적인 투자자 워런 버핏이 제안한 방식입니다. 가장 중요한 우선순위를 위해 무엇을 내려놓아야 할지 일깨워주기 위한 실험이죠. 저는 헷갈릴 때 이 질문에 따라 우선순위를 정하곤 합니다. 그러면 명료하게 지금 해야 할 일이 보이죠."

홍 이사는 반드시 지켜야 할 다섯 가지를 정한 후에는 이를 실행할 방법을 찾아 다음을 준비해야 한다고 말했습니다.

퇴사할 땐 '타잔의 법칙'을 기억해야 합니다

우선순위를 생각했다면, 퇴사할 건지 이직을 할 건지, 회사 안에서 다른 시도를 해볼 건지도 조금 명확해졌을 겁니다. 그러면 이제 그걸 실행하기 위한 계획이 필요하겠죠? 이럴 때 홍 이사는 '타잔의 법칙'을 적용한다고 합니다.

타잔은 다음 줄을 잡기 전에 지금 손에 쥔 줄을 놓지 않습니다. 이직, 창업, 사이드잡, 어떤 것이든 다음 자리가 명확히 보일 때 이전 자리를 놓아야 한다는 것. 이것이 '타잔의 법칙'의 핵심입니다.

다음 목적지를 정해두지 않으면 그 리스크는 매우 커집니다. 준비 없이 무작정 밖으로 뛰어나가는 것은 위험하죠. 우선순위를 정리해보고, 이해득실을 자세히 판단한 뒤, 다음 단계를 정해야 합니다. 앞뒤 방향 설정 없이 막무가내로 달려가기보다는 다음 잡을 줄을 찾아야 지금 줄을 놓는 타잔이 돼야 합니다.

이때 주의할 것은 그다음 목적지가 도피처여서는 안 된다는 것입니다. 당장 갑갑하고 괴롭다고 삶의 바탕을 흔들어서는 안 되는 것이죠.

홍일한 이사도 저도, 타잔의 줄타기 전략을 잘 활용했습니다. 네 번의 커리어 변화(사업→ 대기업→ 또 다른 대기업→

스타트업)를 결정해야 했던 홍일한 이사의 경우 철저한 준비 아래 다음 줄을 잡고 앞으로 나아갔죠. 대기업에서 현재 스타트업으로 이직할 때는 하고 싶은 일과 연봉, 두 마리 토끼를 잘 잡았고요.

저 역시 회사에 다니며 다음 줄이 매달려도 끊어지지 않는지 사전 테스트를 했습니다. 단골 술집을 인수해 3개월간 일을 해보며 '사장 인턴십'으로 운영 경험을 쌓았죠. 그러고는 내가 열고 싶은 술집의 콘셉트와 전략을 담은 기획안을 만든 뒤, 가게 자리까지 계약을 하고서야 사표를 던졌습니다.

홍일한 이사의 액션 플랜을 위한 네 가지 기준점

바라는 일을 실현하기 위해서는 계획도 중요하지만 '실행(Action)'이 더욱 중요합니다. 홍 이사는 그 방향을 잃지 않도록 자신이 기준점으로 생각하는 4가지 키워드를 알려줬습니다. 바로 기술, 네트워킹, 자기계발, 나의 가치. 홍일한 이사는 각 분야에서 어떤 아이템을 가지고 있을까요?

첫째, 기술

내 삶이 흔들릴 때 지탱해 줄 구명정은 무엇일까요? 오늘 회사가 없어진다면, 내일부터 나는 무엇을 해야 할까요? 상황이 여의치 않을 때 선택할 수 있는 다른 일을 미리 염두에 두면 좋습니다.

홍일한 이사의 기술은 메인 기술과 서브 기술로 나눌 수 있습니다. 우선 메인 기술은 콘텐츠에 대한 전문성입니다. 이를 위해 대학에서 관련 전공 학사와 석사를 마치고 박사 과정을 밟는 중이죠. 전공을 살린 커리어, 다시 이를 통한 학업의 확장. 업을 근간으로 하는 그의 기술입니다.

서브 기술은 카페 매니저를 오랫동안 해본 바리스타이자, 영어 학원을 운영하며 직접 강의를 했던 영어 강사라는 경험이 있습니다. 메인 기술 외에도 정말 삶이 위급할 때 활용할 수 있는 최소한의 기술이 있으니 든든합니다.

둘째, 네트워킹

네트워킹은 '커리어의 부스터'입니다. 결국 일은 사람이 하는 것. 좋은 사람이 좋은 일을 부릅니다. 내 이력서를 피드백 해줄, 나를 세일즈 해줄, 나와 윈윈 할 사람이 주변에 있는지, 있다면 누구인지 생각해보길 바랍니다. 거꾸로 나는 누군가에게 그런 사람일 수 있는지도요.

홍일한 이사는 일과 사람에 대한 적극적인 관심에서 좋은 네트워킹이 생긴다고 말합니다. 사소한 관심에서 만들어지는 인연을 중요시하고 있죠. 일례로 얼마 전 한 공간을 방문했다가, 그 공간과의 사업 제휴 아이템이 떠올라 무작정 대표이사에게 메일을 보냈다고 합니다. 그게 계기가 되어, 비투비 사업의 단초를 만들어냈죠. 주변에서 볼 수 있는 콜라보레이션의 영역은 이렇게 시작되는 경우가 많습니다. 막연해 보일 수 있는 네트워킹의 영역, 약간의 노력만 있다면 누구나 만들어갈 수 있는 영역이 아닐까요?

셋째, 자기계발

'사는 대로 생각하는 게 아니라 생각하는 대로 살기 위해'서는 지속적인 자기계발이 필수입니다. 살다 보니 어느덧 은퇴할 때가 되었다면 어떨까요? 이것만큼 무서운 일도 없을 것입니다. 내가 원하는 시기에 원하는 삶을 살고 싶다면, 꾸준히 학습하고 관심 분야를 공부해야 합니다.

홍일한 이사의 30대 목표는 콘텐츠업을 하는 것, 40대 목표는 업계의 리더가 되는 것, 50대 목표는 좋은 선생님이 되는 것이라고 합니다. 꼭 교수 직함이 아니더라도, 누군가에게 자신이 알고 있는 것을 잘 알려주고 싶어서 선생님이 되고 싶다고 합니다. 이런 그의 계획은 그가 눈코 뜰 새 없이 바쁜 와중에도 주말을 활용해 문화콘텐츠학 박사 과정을 공부하며 내공을 쌓아가는 이유입니다.

넷째, 나의 가치

무엇을 선택할지는 결국 각자의 몫입니다. 그러므로 타인에 휘둘리기보다 나에게 가치 있는 것을 찾아야 합니다. 이미 결과가 다 정해졌다 생각했던 것도 상황에 따라 언제든 달라질 수 있습니다. 내가 어찌할 수 없는 외부 요인으로 계획이 변경될 수도 있고요. 그런 상황에서도 스스로 중심을 잃지 않는 것이 중요합니다.

내가 중요하게 생각하는 가치를 추구하고, 반복해 탐구하며, 더욱 적확한 답을 찾아가다 보면 어느 순간 내가 원

호모 루덴스를 삶의 가치로 지향하는 홍일한 이사는 다양한 분야에 관심이 많지만 목표는 늘 재미와 즐거움이다. (자료 제공: 홍일한)

하는 모습에 가까워져 있지 않을까요? 나에게 좋은 선택은 무엇인지, 수없이 질문하고 탐색하는 시간이 필요한 이유입니다.

홍일한 이사에게 커리어로 가장 중요한 가치는 '콘텐츠'입니다. 지금까지도 이후에도 콘텐츠는 그에게 가장 큰 설렘을 주는 키워드죠. '와이낫미디어'로 이직하게 된 가장 큰 이유도 콘텐츠 사업을 다각도로 시도해보고 싶어서였습니다.

한편으로 그는 호모 루덴스(Homo Ludens 노는 인간 혹은 놀이하는 인간)의 가치를 지향합니다. 늘 놀이와 재미를 찾아다니죠. 커피에서도, 한때 꿈꿨던 음악에서도, 늘 관심이 많은 운동과 자동차 분야에서도 끊임없이 '즐길 거리'를 찾습니다. 때론 아이와 함께 그 시간을 즐기면서요.

스타트업에 관심 있는 분들께 전하는 5가지 팁

앞서 소개한 방법을 통해 조금은 구체적으로 내가 원하는 방향과 재료를 찾았을 거라 생각합니다. 막연히 스타트

늘 화제의 콘텐츠를 만들고 있는 '와이낫미디어' (자료 출처: 와이낫미디어 홈페이지)

업에 가고 싶다 생각했던 분들도 생각을 다듬으셨을 테고요. 그렇다면 이제 '어떻게' 즉, 스타트업으로 이직할 때 무엇을 고려해야 하는지, 홍일한 이사가 알려준 5가지 팁을 소개합니다.

첫째, '직종과 규모' 타깃팅

앞서도 언급했지만, 스타트업도 하나의 회사와 다르지 않습니다. 그래서 내가 어떤 회사를 갈 것인지 구체적으로 목표를 삼아야 합니다. 종사하고 싶은 직종과 그 직종에 대한 각 회사들의 수요와 규모를 고려해야 하고요.

스타트업 C레벨(Chief 레벨, 책임자 혹은 임원급) 재무 쪽으로 이직하길 희망한다고 가정해보겠습니다. 보통 CFO(Chief Financial Officer, 최고 재무 책임자) 자리는 대체로 IPO(Initial Public Offering, 주식 공개 혹은 기업 공개, 국내에서는 코스닥에 등록한다는 의미로 많이 사용)나 프리 IPO(Pre-IPO, 상장 전 자금 유치), 혹은 M&A(Merger and acquisition, 기업 간의 인수 혹인 합병) 때 뽑는 경우가 많습니다. 즉, IPO나 M&A를 할 수 있을 정도로 규모가 있는 곳이어야 자리가 있다는 거죠. 이것은 선택지가 적을 수밖에 없습니다. 혹은 재무 관련 전문성을 어필해 타깃으로 하는 스타트업의 재무 전략을 초기부터 세워주겠다 제안해볼 수 있습니다. 스스로의 역량을 증명하며 회사에 필요한 존재임을 어필하는 것이죠. 이런 경우 회사 성장성을 파악한 뒤 내 카드를 던지는 전략이 유효합니다.

다른 부서의 경우도 마찬가지입니다. 책임자 직급인 C레벨이든 아니든, 그 팀이 나의 전문성을 필요로 하는지, 혹은 내가 제대로 할 수 있는 자리인지 파악해야 합니다. 신중하게 선택하는 것이 좋죠.

또한 스타트업에는 비교적 젊은 대표들이 많기에, 책임 직급일수록 나이도 고려 대상이 됩니다. 보통 C레벨이 대표보다 나이가 많은 경우라면 불편할 수 있어서죠. 이 부분도 알아두면 좋은 팁이 될 것입니다.

둘째, '연봉과 스톡옵션' 논리적 설득과 협상

두 번째는, 모두에게 가장 중요한 연봉 전략입니다. 만약 C레벨로의 이직을 염두에 두고 있다면 스톡옵션도 고려해야 하고요. 대체로 스타트업으로 이직하면 연봉이 줄어든다고 생각하지만 이것도 하기 나름입니다.

홍일한 이사는 스타트업으로 이직을 준비하며 참고했던 대기업 출신 A 이사의 이야기를 해주었습니다. 그는 처우 협의 단계에서 이직할 회사 대표에게 이런 질문을 했다고 합니다.

"제가 어떤 자리로 가게 됩니까? 어떤 일을 하게 되나요?"

"당신을 영입한다면 정말 중요한 자리에 앉힐 예정입니다."

중요한 자리, 임원 대우, 막중한 업무 영역. 사실 이런 대답은 모든 스타트업 대표님들이 임원급 인사에게 자리를 제안할 때, 공통으로 하는 말일 것입니다. 그때 A 이사는 연봉에 대해 이렇게 의견을 전했다고 합니다.

"그렇게 중요한 일을 하는 사람은 연봉을 적게 받아야 할까요, 많이 받아야 할까요?"

'중요한 일을 하는 만큼 연봉도 많이 받겠다.' 이게 A 이사가 던진 카드였습니다. 물론 말로만으로 액수를 책정할 수는 없겠죠. 직전에 다녔던 대기업의 연봉계약서가 협상의 기준이 되었습니다. 주장을 위한 근거 자료로 활용했던 것이죠. 그다음엔 스톡옵션 또한 대표에게 요구해서 받았다고 합니다.

"주식이 없다면 이건 나의 일이 아니고 대표님의 일을 대신 하는 겁니다."

회사 업무를 내 일처럼, 최선을 다하기 위해 주인 의식을 어필한 셈입니다.

그렇게 A 이사는 연봉과 스톡옵션, 두 마리의 토끼를 성공적으로 잡을 수 있었습니다. 물론 이 모든 성과들이 몇 마디 대화만으로 성사된 것은 아닙니다. 업계에서 쌓은 노하우와 경력, 업무에 대한 열정과 회사에서의 역할을 인정받았기에 가능한 협상이었죠.

셋째, '1인 3역'은 기본

스타트업은 기본적으로 체계가 굉장히 부족합니다. 복지, 인사 등 각종 시스템도 미비하죠. 대기업에만 있던 분들이 당황스러워하는 부분입니다. 하지만 가장 두려운 건, 기업의 생존이 보장되어 있지 않다는 점. 이 회사가 5년 갈지, 10년을 갈지 아무도 알 수 없습니다. 그래서 회사의 생존을 위해 나의 직책에 '플러스 알파'로 더 다양한 업무를 해야 합니다. 1인 3역은 기본이죠.

홍일한 이사도 전략실장이지만 투자유치, 사업관리, 신사업 전략 수립, 그리고 인사 업무까지 다방면의 일을 하고 있습니다. 필요한 역할이 있다면 영역 구분 없이 해야 하는 게 스타트업 세계입니다. 실제로 2019년 5월부터 일을 시작한 홍일한 이사는 오자마자 시리즈 B의 투자유치를 준비 했다고 합니다. 그리고 때로는 밤 11시에 광고 영업을 하러 가기도 하고요.

의사결정은 대기업에 다닐 때보다 보통 매우 편합니다. 중간에 확인을 거쳐야 할 팀장과 임원도 없고, 보고 방식도 간편하기 때문이죠. 하지만 책임은 더욱 커집니다. 보고 이후의 책임은 모두 담당자의 몫입니다. 아직은 시스템이 부족하기에 내 역할과 짐을 다른 사람과 나눌 수 없기 때문이죠.

스타트업은 업무의 속도와 보고의 절차가 빠른 만큼, 후속 조치를 알아서 하는 것도 책임자의 몫입니다. 업무 성과가 피부에 즉시 와닿지만, 내가 시작한 일은 내가 끝내야 하는 책임감과 부담감도 따를 수밖에 없죠.

콘텐츠 제작사이기 때문에 프로덕션을 챙기는 역할도 홍일한 이사가 자처해서 하고 있습니다. 틈틈이 야근 많은 제작팀을 독려하기 위해 아이스크림을 사서 방문하다 보니 '아이스크림맨'이란 별명까지 얻었다고요. 작지만 섬세한 역할 하나하나가 스타트업의 내일과 연결됩니다.

넷째, 시작도 끝도 '네트워킹'

홍 이사는 C레벨을 지원하고자 한다면, 대표와의 네트워크가 가장 중요하다고 강조합니다. 직접 친한 사이가 아니더라도, 한 다리 건너 알 수 있는 지인이 되어야 한다는 거죠. 적어도 신뢰할 수 있는 사람이 추천하는 관계로요.

그래서 가고 싶은 회사를 구체적으로 정하는 것이 네트워킹 측면에서도 유용합니다. 업계에서 어느 정도 교류를 쌓는 네트워킹 과정이 필요해서죠. 홍일한 이사 역시 지금의 스타트업 C레벨로 가게 된 데에는 사모임에서 얻은 인연의 덕이 컸습니다.

저도 종종 사람들에게서 스타트업 에피소드를 듣는데,

스타트업의 구인 구직은 홍일한 이사의 사례와 크게 다르지 않았습니다. 팀장 이하 직급은 다양한 루트로 입사하지만, 핵심 보직이라면 여러 요소가 고려돼야 하죠. 꼭 이직을 위해서가 아니더라도 네트워킹은 커리어에 다방면으로 도움이 될 수 있습니다.

회사 다니시는 분들은 이런 생각 하실 거예요. '인맥 뭐 있나? 그냥 자기 일 열심히 하고 적당히 회식에 참석하며 친분 쌓고 그러면 되지.' 하지만 사업의 세계로 들어오는 순간, 인맥의 영향력은 상상 그 이상으로 어마어마함을 체감합니다.

창업을 하고 사업의 영역을 확장하는 시점, '이거 어떻게 하면 좋을까, 누구한테 물어볼까?' 그런 고민을 할 때마다 인맥들이 혜성처럼 번쩍하고 등장합니다. 결정적인 순간 키맨이 되어주기도, 잘 안 풀릴 때는 실마리가 되기도 하죠.

그렇다면 네트워크는 어떻게 쌓으면 좋을까요? 일단 뭐든 시작해보는 게 중요합니다. 위워크, 패스트파이브 등 공유 오피스에서 하는 원데이 강연을 가는 것도 좋고, 스타트업 얼라이언스 주최 행사 등 스타트업 관련 모임에 참석해보는 것도 좋습니다. 관련이 있어 보인다면, 뭐든 경험해보는 게 첫 걸음이죠.

다섯째, '커리어 성장'의 발판

스타트업의 가장 큰 장점은 다양한 일을 주도적으로 해볼 수 있다는 것입니다. 콘텐츠를 업으로 하는 홍일한 이사에게 '와이낫미디어' 전략실장 자리는 보다 공격적으로 다양한 경험을 해볼 절호의 기회였죠. 하지만 이곳이 커리어의 종착점은 아닐 것입니다. 현재의 가장 좋은 커리어 패스일 뿐이죠. 빠르게 변화하고 있는 미디어 산업의 핵심에서, 회사의 C레벨로서, 콘텐츠 업계 내 앞으로의 방향을 고민해야 합니다.

미디어뿐 아니라 모든 분야가, 아니 전 세계가 너무나 빠르게 변하고 있습니다. 미래를 예측한다는 게 무의미할 정도죠. 이 시대 변화의 일부가 되고 싶다면, 자신이 속한 조직 너머를 파악하며 '감'을 익혀야 합니다. 그 감을 익히는 데 스타트업만큼 도움 되는 곳도 없을 테고요.

이상이 홍 이사가 말한 스타트업에 관한 5가지 팁입니다. 여기에 개인적인 팁을 하나 더 보태겠습니다. 회사에다니며 스타트업 자문을 해주는 형식도 가능한 옵션입니다. 앞에서 말한 박해욱 기자처럼 말이죠. 마케팅, 재무, 광고, 콘텐츠, IT 등 각자의 업무 분야를 활용, 대가 없이 활동하는 것도 경력에 큰 도움이 될 것입니다.

퇴사 후 자기 사업을 하다 보면 종종 스타트업에서 자문이나 컨설팅 의뢰가 들어오기도 합니다. 저의 경우 광고, 마케팅, 기획 파트에서 오곤 하죠. 주 1회 혹은 2회 출근 계약직 형태가 될 때도 있습니다.

대체로 주 1회 출근에 월 200~300만 원, 주 2회 출근에 월 400~500만 원 정도 비용이 책정됩니다. 주 3회 이상 넘어가면 회사의 입장에서도 정규 직원을 뽑는 게 낫고, 일하는 사람 입장에서도 시간 소모가 많아지기에 최대 주 2회 내로 출근 협의하는 경우가 많습니다.

각자의 상황에 맞는 롤은 분명 존재합니다. 그 폭도 생각보다 다양하고요.

호모 루덴스 홍일한 이사가 제안하는
실패하지 않는 두 번째 밥벌이 찾기

① 나의 우선순위를 따진다.

구체적으로 25가지를 적고, 그 안에서 다시 가장 중요한 것 5가지를 꼽는다. 이 5가지 외에는 에너지 낭비임을 깨닫고 자신의 현재 상태에 대해 정확하게 깨닫는다.

② 타잔의 법칙을 기억한다.

타잔이 다음 줄을 잡기 전에 이전 줄을 놓지 않듯, 나의 다음 발걸음 아래 수렁이 아닌 단단한 땅이 있는지 확인하고 옮겨야 한다. 즉, 이직, 퇴사를 결정하기 전에 다음 밥벌이를 확실히 준비해야 한다는 것이다.

③ 자신의 계획을 실행하기 위해 기준점을 가진다.

기술	네트워킹
내 삶이 흔들릴 때 지탱해줄 구명정은?	커리어의 부스터, 좋은 사람이 좋은 일을 불러온다
자기계발	**나를 위한 좋은 선택**
생각대로 살기 위한 노력	나에게 가치 있는 것 찾기

두 번째 밥벌이
실전 가이드

01

'회사원' 아닌
당신의 직업은 무엇인가요?

"이 회사에서 저 회사로 이동하는 커리어가 아니라,
일생에 걸쳐 스스로 하고 싶은 일을 정하고 목표를 세워야 합니다."

술집을 운영하지만 직업은 술집 사장이 아닙니다

"광고회사 다니다 상암동에서 '카페' 하는 후배야."

한 선배가 저를 지인에게 소개하며 한 말입니다. 이노션 퇴사 후 서울 상암동에 '원부술집'을 오픈하고 얼마 지나지 않았을 때였어요. 저는 분명 커피를 파는 사람이 아니었는데 말이죠.

사실 그 선배는 나름 배려를 한 거였어요. 왜냐면 창업 초기만 해도 저를 술집 사장이라고 소개하면 당황하는 사람들이 꽤 많았거든요. 제 일을 말하면 그때부터 대화가 어색해지는 상황이 종종 발생했습니다.

지금은 콘셉트를 강화한 술집 등 다양한 공간들이 생겼지만, 당시에는 그렇지 않던 시절이었죠. 대기업을 나와 술집을 한다는 게 좀 이상했을지도 모릅니다. 또 술집을 하는 여자라는 게 통념상 부정적이기도 했고요.

저는 이 상황을 타개하고자 제 직업을 다시 정의해보기로 했습니다. 생각해보니 술집 사장은 직업이 아니라 직책일 뿐이더라고요. 제가 무엇을 위해 창업을 했고, 현재 무슨 일을 하고 있는지를 곰곰이 생각해봤죠. '직업 정체성'에 대한 고민의 시작이었습니다.

고민의 과정은 뒤에 더 자세히 설명하겠지만, 깊은 고민 끝에 3년 전부터 저는 스스로를 '음주문화공간 기획자'로 소개하고 있습니다. 이를 기반으로 서울에 9개의 다양한 공간 브랜드를 만들었고요. 공간별 그 안에 술과 사람, 문화와 콘텐츠를 채우는 기획자의 일을 하고 있습니다. 이 '음주문화공간 기획자'라는 '직업 정체성'을 찾기까지 3년이란 시간이 걸렸었죠.

'직업 정체성'이란 단어, 생각해본 적 있나요?

지금까지 사이드잡, 창업, 스타트업 이직 등 두 번째 밥벌이를 실행한 이들의 경험담을 들어봤습니다. 이제는 여러분 스스로 실행해볼 수 있도록 실전 팁을 소개하려고 합니다.

저는 서울에서 술집, 위스키바, 복합문화공간 등 여러 공간의 사장을 맡고 있습니다. 하지만 앞서 말씀드렸듯, 저의 직업은 사장이 아닙니다. '사장'이란 제가 맡은 직무의 위치와 책임을 지칭하는 단어일 뿐이죠. "무슨 일 하냐?"는 물음에 보통 "OO회사 다닌다."라고 답하는 이들이 많습니다. 하지만 회사를 다니는 게 나의 직업이 될 수는 없습니다.

직업이 '회사원'이다. 이 말은, 회사에 다니지 않게 되면 더는 직업이 없는 사람임을 의미합니다. 직업이 '사장'이란 말도, 소유한 회사나 공간이 없으면 더 이상 직업이 없는 거나 마찬가지고요. 하지만 평생직장이 사라진 시대에 직업을 '회사' 중심으로 설명하는 것은 의미가 없습니다. 회사가 있고 없고를 떠나, 나의 일을 정의할 수 있는 '직업 정체성'이 필요한 이유죠.

직업 정체성을 스스로 정의할 수 있을 때 비로소 자신만의 커리어 지도를 그릴 수 있습니다. 커리어 지도는 이 회사에서 저 회사로 이동하는 커리어가 아닌, 일생에 걸쳐서 하고 싶은 일을 결정하고 목표를 세우는 과정을 의미합니다.

저 또한 술집 사장은 직업이 아니란 걸 깨닫고, 스스로 직업 정체성을 정하기까지 오랜 시간이 걸렸습니다. '술집 사장'이 아닌, 내가 잘하는 일을 좀 더 명확하고 만족스럽게 설명하고 싶었죠. 그리고 결국 저는 '기획자'라는 키워드를 찾아냈습니다.

이는 직장인들에게도 필요한 과정이라고 생각합니다. 회사가 부여한 직함이 아닌 자신만의 일을 발견해야 직장에 기대지 않는 각자의 커리어를 쌓을 수 있으니까요. 직업 정체성을 정의하는 건 중요한 시작점입니다.

제가 직업 정체성을 고민했던 과정에서 활용했던, '프레임워크' 작업 등 생각의 과정은 마지막에 공유하겠습니다. 이는 자신에게 맞는 길을 보다 구체적으로 찾을 실용적인 팁이 될 것입니다.

일에도 각자의 '취향'을 반영해야 합니다

나를 제대로 아는 것, 이것이 모든 것의 시작입니다. 내가 무엇을 원하고, 어떤 것에 관심이 있으며, 어떤 걸 할 때 즐거워하는지, 무엇을 잘하는지를 먼저 알아야 나에게 맞는 올바른 결정을 할 수 있습니다. 그래야 회사에서의 직함과 직무가 아닌, 스스로의 직업 정체성을 정의내릴 수 있죠. 그러기 위해 현재 내가 어떤 상태에 있는지 객관적으로 바라볼 수 있어야 합니다. 바로 '자기 객관화'의 과정이 필요하죠.

자기 객관화는 나의 '취향'이 무엇인지 알아보는 것에서 시작됩니다. 김홍익 대표처럼 명확한 덕후가 아니라면, 이를 알아가기 위한 노력과 시간이 필요하죠.

공간을 운영하다보면 다양한 손님들을 맞이하는데요. 의외로 자신의 취향이나 관심사를 잘 모르는 분들이 많습니다. 술을 한 잔 시킬 때도 각자의 취향이 아닌 남의 선택을 따르는 경우가 많죠.

이는 다른 술집 사장님들과의 주요 대화 주제기도 합니다. 크래프트 맥주 브랜드를 만드는 한 대표가 이런 이야기를 한 적이 있어요. 대다수 소비자들은 도대체 뭘 마셔야 할지 선택하기 어려워한다고요. 라거, 에일 맥주를 고르는 것부터 어떤 순서로 마셔야 할지까지 말이죠.

보통 외국에서는 주문할 때, 어떤 스타일과 향을 좋아하는지 서로 묻고 답하며 맥주 추천을 받습니다. 그런데 우리나라에서는 참 쉽지 않은 상황이죠. 그래서 인기 메뉴, 베스트 메뉴 등과 같이 선택의 가이드를 줄 수밖에 없습니다.

취향이 없다는 게 꼭 개인의 잘못은 아닙니다. 살면서 우리는 각자의 취향을 존중받거나 서로의 취향을 알기 위한 대화를 해본 경험이 별로 없었어요. 술을 고를 때도 마찬가지이죠. 직장에서의 술자리란 대체로 윗사람 누군가에 의해 주종으로 정해지기 마련입니다.

누가 시키면 따라가는 이러한 환경에 익숙하다 보니 개인의 취향은 설 자리가 없어졌습니다. 다들 소맥 마신다고 할 때 와인을 주문하면, "취향이 고급이네, 돈이 많은가 봐."와 같이 비아냥거림을 듣기 십상이죠. 의견을 내지 않고 대세를 따르는 문화는, 비단 술자리에만 있는 것은 아닐 것입니다.

나의 취향을 제대로 알기 위해서는 내 생각에 따라 경험해보고 느껴보는 '나와의 상호작용'이 중요합니다. 책이든 대화든 경험이든, 읽고 말하고 실행해보는 시간에서 나의 관심사가 견고하게 쌓여 취향이 형성되는 것이죠.

다행히 저는 비교적 일찍 그런 고민을 시작했고, 여행, 대학 시절 연극 동아리, 인턴 등 사회생활, 그리고 창업 후 책을 쓰는 것까지 여러 행동과 경험 통해 나의 취향을 알아갈 수 있었습니다. 여러 가지를 시도해본 뒤 귀납적으로 저만의 결론을 얻었습니다.

경험을 글로 옮기는 과정은 창업 블로그로 확장되었고, 덕분에 두 권의 책으로 출판할 수 있었죠. 그 과정에서 '나와의 상호작용 → 객관화 작업'을 수도 없이 거쳤죠. 덕분에 내 직업을 어떻게 정의할지, 성장의 동력은 어떻게 만들어갈지 해답을 찾을 수 있었습니다.

아직 답을 찾지 못했다면 어떤 행동을 통해 자기 객관화 과정을 시작해봐야 할까요? 제가 제안하는 것은 다음 세 가지입니다.

자기 객관화 방법 ① : 분야별 커뮤니티 프로그램 참여

대기업 중공업회사를 다니는 후배가 있습니다. 말수도 적고, 사람들이 모여 있는 자리에서 존재감도 크지 않았어요. 한쪽 구석에서 조용히 소주만 마시던 친구였죠. 그가 다니는 회사는 국내에서도 보수적인 조직으로 알려져 있기에, 직업에서도 어떤 개성이나 취향이 묻어나지 않았습니다.

그런 친구가 커뮤니티 활동을 하며 180도 달라졌습니다.

그 친구는 한 독서모임을 나가기 시작했는데, 거기서 말이 잘 통하는 사람들을 만나게 되었죠. 그들과 위스키를 마시러 여러 바를 다니며 후배는 자신의 술 취향을 알기 시작합니다. 그러다 어느 순간부터는 술집만 여러 곳 운영하는 저에게 좋은 위스키 바를 추천하고 어떤 바텐더가 칵테일을 잘 만드는지 알려줄 정도로 지식과 취향을 쌓았더군요. 정말 놀라웠습니다. 그 친구의 태도는 단지 술에 대해서만 바뀐 게 아닙니다. 어느새 늘 새로운 것을 먼저 제안하는 사람이 되어 있었죠.

초중고 교육과정을 충실히 밟고 입시와 취업을 하기까지 우리는 '나의 취향'에 대해 생각해본 적이 많지 않습니다. 그 취향을 존중받은 적도, 그걸 발견하기 위한 노력이나 대화를 해본 경험도 드물었어요. 당장 눈앞에 주어진 목표가 우선이었으니까요.

앞에 소개한 후배 또한 그렇게 살아왔겠죠. 하지만 이제는 자신의 취향과 관심사를 나눌 수 있는 경험을 지속하면서 삶의 즐거움을 발견한 것입니다. 취향을 기반으로 한 커

독서모임	트레바리, 몽덴, 서점 및 출판사 북클럽 등
취미 & 라이프스타일 모임	문토, 크리에이터클럽, 프립, 비마이비 등
비즈니스 & 자기계발	스터디파이, 폴인, 인사이터, HFK 등
네트워킹	헤이조이스, 스여일삶, 월간서른 등

요즘 직장인들이 정체성을 찾는 다양한 커뮤니티 플랫폼

뮤니티가 한 개인을 변화시킨 좋은 사례가 아닐까 싶어요.

요즘 다양한 모임들이 여러 형태로 생겨나고 있습니다. 많은 분들이 자신을 재발견하기 위한 모임들을 찾고 있죠. 특히 52시간 근무제가 실현되면서 퇴근 후 다양한 활동을 적극적으로 할 수 있는 환경이 만들어졌습니다.

이런 변화를 증명하듯, 다양한 플랫폼과 커뮤니티, 네트워킹을 통해 달라지는 개인의 순간들을 목격하게 됩니다. 대화하다 문득 나온 아이디어로 스타트업을 하기도 하고, 모임을 통해 다양한 인사이트를 얻으며 각자의 행동 영역을 넓혀가기도 하죠.

취향을 기반으로 한 모임 플랫폼에 나가고, 커뮤니티를

형성해 타인과 교류하며 나를 더욱 깊이 알아가는 과정과 시간은, 나를 객관화하는 데 많은 도움을 줄 수 있습니다.

타인과의 다름을 이해하고, 해보지 않던 일을 경험하며 관점을 넓히고, 숨겨진 나만의 재능을 발견하는 것. 나를 알아가는 아주 중요한 방법입니다. 다양한 시도를 하다 보면 생각하지도 못한 나를 찾게 될 것입니다.

자기 객관화 방법 ② : 타인과의 집중 인터뷰

타인과의 깊은 대화도 나를 객관화하는 데 큰 힘이 됩니다. 주제가 있는 인터뷰 형식의 대화라면 나에 대한 다양한 재료들을 발견할 수 있죠. 저의 경우 출판을 위해 에디터와 나눈 반년간의 깊은 대화가 큰 도움이 되었습니다.

첫 번째 책,《합니다, 독립술집》을 썼던 경험은 직업 정체성 정의에 가장 큰 전환점이 되었어요. 이 책은 취향과 철학을 바탕으로 나만의 독립술집을 운영하는 다섯 술집 사장들의 이야기를 반년간의 인터뷰로 엮은 책이었죠. 인터뷰는 책의 기획자였던 서재준 에디터가 진행했습니다. 저는 그의 인터뷰이(interviewee)였어요.

책을 준비하는 반년간 넓고도 깊은 대화들을 나눴습니다. 공간을 '왜' 만들었고 '무엇'을 담고 싶었는지, 그리고 '직업'으로서 나의 역할은 무엇인지. 답을 찾고 싶은 문제들에 대해 함께 고민할 누군가가 생긴 것이죠.

이를 책이라는 콘텐츠로 담기 위해 생각을 좁혀가는 과정을 가지며, 독자들에게 전할 단어들을 찾아갔습니다. 반년간의 대화를 통해 우리는 결국 직업 정의 내리기, 그 실마리를 찾게 되었죠.

그가 질문을 던지면 저는 최대한 깊이 있게 답을 했습니다. 반복되는 질문에 대해서는 더욱 명확한 단어들을 찾고자 했죠. 그러다 '기획자'라는 말이 문득, 튀어나왔습니다.

"이야기를 들어보면 단순히 괜찮은 술집의 주인이 되는 것이 목표는 아닌 것 같다. 본인이 꿈꾸는 직업의 이름은 뭐라고 말할 수 있을까."

해외여행 갈 때 입국신고서에 직업 적는 칸이 있지 않나. 난

그게 참 어렵다. (웃음) 내가 장사꾼인가? 그냥 CEO라고 적기
는 하는데, 성에 차진 않는다. 기획자? 기획자라는 단어가 맞는
지 모르겠는데, 그런 느낌으로 여러 구상을 하고 있는 상태다.

_《합니다, 독립술집》p39

어떤 이름을 부르기 전까지 막연했던 무언가가 하나의
단어로 정의되는 순간. 겹겹이 쌓여있던 안개 속을 지나 청
명한 길을 걷는 기분. 끊임없는 대화를 통해 나눴던 반년의
시간이 빛을 발하는 순간이었습니다. '기획자'. 이걸 떠올
리기까지는 오랜 시간이 걸렸지만 입 밖으로 꺼내고 보니
생각보다 쉬운 답이었어요.

다만 예전에는 광고 기획을 하던 기획자였다면 지금은
술과 사람, 콘텐츠가 모이는 공간을 만들어가는, 또 다른
형태의 기획자인 것이죠. 이렇게 쉬운 단어를 왜 그렇게 고
민하며 괴로워했을까 하는 생각도 들었습니다.

"기획자라는 말 괜찮은 것 같다."
나는 뭐든 기획하는 것을 좋아하니까. 술집이나 다른 가게

를 하는 것도 결국 기획에서 출발하는 것 아닌가. 기획을 좋아
하고 문화 관련 콘텐츠를 만들고 싶어서 신촌극장도 꾸미고
뭐 그러고 있다.

_《합니다, 독립술집》p39

직업의 정의를 내리니 공간을 설명하는 것도 쉬워졌습
니다. 음주문화공간이라는 명확한 지향점을 갖고 기획 방
향을 잡을 수 있었죠. 이는 9개의 다양한 공간 브랜드를 론
칭할 때마다 좋은 가이드라인이 되었습니다.

하나의 공간을 오픈하기까지 모든 과정을 책임지는 것.
여기에 술과 사람, 문화와 콘텐츠가 어우러지는 공간을 만
드는 음주문화공간 기획자. 하고 있는 일과 직업을 소개할
때 전하는 핵심 내용이 되었습니다. 오랜 시간 걸렸지만 그
만큼 가치 있는 일이었죠.

답을 찾기까지 걸린 약 3년이라는 시간. 만약 그 답을 혼자
찾으려 했다면 더 오랜 시간이 필요했을지도 모릅니다. 다행
히 책을 만드는 과정을 통해 그 방향을 정확히 찾았기에 꾸
준하고 즐겁게, 지금의 일을 하고 있지 않을까 생각합니다.

원부의 음주문화공간은
손님의 다양한 술 취향을 존중합니다
공간별 테마가 있는 2차 술집입니다

| 방송국 직장인들의 오아시스 | 캐주얼하게 즐길 수 있는 전문 위스키바 | 소소하게 술 한잔 즐길 감성술집 | 다양한 종류의 하이볼을 골라 먹는 재미 | 술과 함께 소설을 안주로 곁들이는 공간 | 번잡한 신촌 편안하게 즐길 오아시스 펍 |
| 원부 술집 | 모어댄 위스키 | 하루키 술집 | 여의도 하이볼 | 방배동 소설집 | 보통 술집 |

스스로 내린 나의 직업에 대한 정의. 일과 직업에 대한 정의를 내린 후, 공간을 설명하는 게 명확해졌다. (자료 제공: 원부연)

"술이 기획자가 되기 위한 수단이라면 술집은 기획자가 되기 위한 베이스캠프 같은 공간이라고 할 수 있겠다."

그런 면이 있다. 수단이라는 말이 부정적으로 들릴 수도 있는데, 좋은 결과를 내기 위한 수단이라는 것도 있지 않은가. 또 막상 일이 되고 직업이 되니까 그런 관점으로 봐야 하는 측면이 있는 것 역시 사실이다.

_《합니다, 독립술집》p39~40

물론 누구에게나 책을 써보는 경험을 추천할 수 없습니다. 정말 많은 노력과 시간을 필요로 하기 때문이죠. 하지만 적어도 신뢰하는 누군가와의 깊은 질문과 답을 나누는 시간은 언제든 가질 수 있습니다. 대화를 통해 얻는 인사이트를 따라가다 보면 직업에 대한 정체성도 언젠가 발견할 수 있을 테니까요.

자기 객관화 방법 ③ : 프레임워크-분석 툴 사용

내가 무엇을 좋아하고 원하는지 알기 위해, 현재 내 상태를 진단해보는 '프레임워크 - 분석 툴'을 활용하는 것도 도움이 됩니다. 이는 두 가지 방법이 있습니다.

첫 번째로 직업 정체성을 찾기 위한 나 중심의 질문들에 답을 써보는 것입니다. 그리고 이를 '포트폴리오 북'이라는 제목의 결과물로 쌓아 봅니다. 질문 리스트는 이 책의 마지막에서 소개하겠습니다. 이러한 질문들에 답을 찾아보는 건 중요한 의미가 있습니다.

입사 지원서에 나오는 질문들은 대개 나를 배제한, 조직에 대한 것들이 대부분이죠. 늘 불편한 마음으로 쓸 수밖에 없습니다. 한 번쯤 나에 대해 깊은 글을 써보는 시간은 그래서 의미가 있습니다.

지금부터 쓰게 될 포트폴리오 북은 입사 지원서처럼 남에게 보여주기 위한 글이 아닙니다. 오롯이 나에게 집중해 내가 어떤 일과 직업을 가진 사람이 될 것인가에 대한 심층 분석 과정이죠. 과장할 필요도 꾸밀 이유도 전혀 없습니다.

두 번째로는 경영학과에서 쓰는 지표들을 나에게 적

용해보는 것입니다. 좋은 예로 나라는 사람을 대상으로 SWOT 분석을 해보는 것이죠. 제품의 SWOT 분석은 해봤어도 자기 자신을 객관적으로 분석해본 경험은 없을 것입니다.

강점(Strength), 약점(Weakness), 기회(Opportunity), 위협(Threat). 각 영역의 테마를 잡고, 이에 대한 근거자료를 최대한 구체적으로 기입해 나를 분석해보는 과정은 생각보다 흥미롭습니다. 어떤 흐름으로 대답들을 찾아갈지 구체적인 방법은 역시 이 책의 마지막에서 소개하겠습니다.

02

두 번째 밥벌이 실전 준비 ①

_하고 싶은 일을 찾아서

"우리는 살면서 일의 의미가 무엇인지
생각해볼 겨를이 전혀 없었습니다.
그렇게 준비 없이 사회인이 되었죠."

벌이는 중요하지만 인생의 전부는 아닙니다

2006년 첫 직장에서의 연봉은 2,800만 원 정도였습니다. 포괄임금제였고, 인센티브는 성과에 따라 별도 책정되었죠. 한 달에 230~240만 원 정도의 월급이 찍혔던 것 같습니다. 당시엔 너무 바빠서 이 돈이 많은 건지 적은 건지 생각할 겨를도 쓸 시간도 없었죠.

참고로 당시 제일기획 등 인하우스 광고회사는 3,000만 원 중후반, 직원이 적은 외국계 광고회사는 2,000만 원 초중반의 연봉을 받던 시절이었습니다. 아직도 첫 연봉계약 때 인사팀 부사장님의 이야기가 떠오릅니다.

"우리 정도면 엄청 많이 주는 거야!"

그러던 어느 날, 일반 대기업에 다니는 친구들의 연봉을 알고 충격을 금치 못했습니다. 연봉 3,000만 원이 안 되는 사람은 저밖에 없었죠. 8시 반 출근, 7시 퇴근이라는 말도 안 되는 근무시간에 매일 같은 야근과 주말 출근. '이거 뭐지?' 싶었습니다.

또래 친구들의 연봉을 알게 된 후, 일에 대한 몰입도는 예전 같지 않았습니다. 돈이 전부는 아니라고 생각하지만, 더 많은 일을 하고도 적게 받는다는 사실은 스트레스로 다가왔죠. 저도 사람인지라 어쩔 수 없었습니다.

그래서 두 번째, 세 번째 이직할 때는 연봉을 최소 10퍼센트 이상 올려야겠다는 다짐을 했습니다. 2011년 두 번째 회사로 이직할 때는 3,000만 원 후반, 2012년 세 번째 회사로 이직할 때는 4,000만 원 중후반의 연봉을 받게 되었죠. 인센티브는 별도였고요.

연봉이 올라간 만큼 만족도는 커졌을까요? 전혀 아니었습니다. 일에 대한 즐거움과 몰입감은 연봉이 올라갈수록 오히려 떨어졌죠. 왜 그랬을까요? 연봉, 즉 돈이 일을 하는 근본적인 이유가 될 수는 없다는 게 저의 결론이었습니다. 일과 직업, 직장 등 나의 일을 쌓아가는 중대한 커리어를 '숫자'로 해결하려 한 저의 잘못이었죠.

회사와 이별 후 9개 공간 브랜드를 론칭 하고 여러 공간을 동시에 운영하는 지금도 마찬가지입니다. 사실 공간을 운영하던 초기에는 매출 같은 숫자에 많이 집착했습니다. 숫자가 성공을 말해주는 것 같았죠. 하지만 숫자의 기쁨은 두 달을 넘기지 못했습니다.

돈 이상의 가치, 돈 이상의 성장. 이런 생각들이 머리를 가득 채웠죠. 결국 '어떤 일을 하건 비슷한 문제는 찾아올 수밖에 없구나.'라는 결론에 이르렀습니다.

저의 경우 대기업 직장인에서 창업자가 된 케이스다 보니, 창업과 진로 관련 문의를 해 오시는 직장인분들이 많았습니다. 그중 많은 분들의 고민 또한 '벌이'와 관련이 있었죠.

"얼마나 버시나요?"

"직장을 그만두고 이전보다 벌이가 줄지 않았나요?"

"수익이 끊겼을 때의 불안감은 어떻게 관리하나요?"

벌이는 중요하지만, 인생의 전부가 될 수는 없습니다. 이것이 저의 결론이었어요.

돈 때문에 버티는 직장 생활에서 벗어나고 싶어 다른 길을 꿈꾸는 거 아닐까요? 꾸준히 성장하고 더 나은 삶을 위해 일하는 거 아닐까요?

숫자를 넘어선 일의 의미와 가치를 발견하기 위한 다음의 재미난 사고실험을 해봤으면 합니다. 이 사고실험은 창업가의 고단한 삶을 생생하게, 그러나 담담하게 들려준 이선용 '스튜디오 봄봄' 대표의 질문에서 시작됐습니다.

1,100억이 생긴다면 지금 하고 있는 일, 계속할 건가요?

"당신에게 1,100억 원이 생긴다면 무엇을 할 것인가요?"

은행원 생활을 하다 사이드잡으로 진행했던 창업 아이템에 10억 투자를 받은 후, 본격 창업가의 길로 들어선 이선용 대표. 그는 일에 대해 고민하고 있는 많은 분들께 이 질문을 던지고 싶어 했습니다. 다음과 같은 이유 때문이었죠.

"창업을 하든 이직을 하든 퇴사를 하든, 이 모든 걸 관통하는 '일의 의미'에 대한 나의 관점이 중요합니다. 경제적인 수단, 보람을 떠나 내가 정말 일에 어떤 의미를 가졌는지요. 그런데 일의 의미라고 하면 도덕책에 나올 것 같고 거창해 보이잖아요. 그럴 때는 좀 더 구체적인 예를 들어 생각해보면 좋습니다. 그래서 이 질문을 던지고 싶었어요."

단순히 행복한 미래를 상상해보자는 취지의 질문은 아니었습니다. 이 질문에 대한 답 속에서 '일'이라는 영역이 어떤 존재인지를 발견하기 위함이었죠.

큰돈이 생긴다는 건 기분 좋은 일입니다. 하지만 당장 그걸로 뭐 하겠냐고 물어본다면 누구도 쉽사리 답을 내놓지는 못할 것입니다. 저도 곰곰이 생각해봤지만 바로 대답이 떠오르진 않았습니다. 여러분은 어떠신가요?

"지금 직장은 깔끔하게 그만둡니다. 전혀 미련 없어요. 우선 수령한 돈을 여러 금융기관에 잘 예치해두고, 6개월 이내로는 쉬면서 내 주변을 돌아보는 시간을 가지고 싶습니다. 그동안 연락도 뜸했고, 만나지 못했던 사람들과 함께 하는 시간이 있었으면 좋겠어요. 매일매일 잠깐이라도 여유가 있는 생활을 충분히 느껴보고 싶습니다. 충분히 쉬는 시간을 가진 이후에는 심리학 공부를 위해 대학원에 가고 싶어요. 어떤 일을 할 것인지는 공부를 하면서 차분히 찾아보는 것으로!"

스터디에 참가했던 지훈 씨의 답변이었습니다.

"1,100억 원이 있다면 제가 안락하게 마음 편히 지낼 수 있는 곳에 집을 마련하고 싶습니다. 그리고 남은 돈은 안전하게 적금을 들어두고 이자를 이용하여 제가 배우고 싶었으나 그러지 못한 영역에 도전하는 삶을 살고 싶습니다. 실패에 구애받지 않고, 삶을 유지하기 위한 조건에 연연하지 하지 않고 하고 싶은 것을 망설이지 않고 하는 삶을 살고 싶습니다."

진주 씨의 답변이었죠.

사실 대체로는 비슷한 대답들이 나왔습니다. 일단 회사는 그만두고, 돈은 은행 등 금융기관에 넣어두며 생각을 해보고, 나중에 결정하겠다는 쪽으로요.

지금 하는 '일'을 지속하겠다는 답변은 찾기 어려웠습니다. 모두가 '일'을 하고 있지만, 그 일에서 벗어나고 싶어 하는 것 같았습니다. 마지못해서 하는 게 '일'이라는 생각이 들었죠. '일'은 돈을 벌기 위해, 혹은 사회생활이나 경험을 위한 수단으로만 존재하는 것일까요?

왜 '일'은 우리에게 소외되는 영역일까요?

1,100억 원 질문에 대한 대답에서 가장 소외받는 영역은 바로 '일'이었습니다. 일단 회사를 그만두고, 차분히 휴식을 취하고, 당장 하던 일을 중단하는 게 우선이었죠. '하던 일을 하면서', 혹은 '하던 일에 새로운 아이디어를 더해가면서' 등의 대답은 찾기 어려웠습니다.

일은 왜 이런 가상의 상황에서조차 소외되는 것일까요? 왜 우선순위에서 늘 배제될까요? 어쩌면 '일'은 내가 원하는 삶에 어우러지지 못하고 외면받는 존재가 아닐까요?

안타깝게도 이 시대를 살아가는 우리에게 직장과 직업과 일이라는 영역을 분리해 고민해볼 시간이 없었습니다. 좋은 대학을 가기 위해 경쟁하고, 대학 입학과 동시에 각종 스펙을 쌓으며 졸업 이후의 삶을 준비해야 했죠.

전문직, 대기업, 공무원, 중소기업 등 몇 가지 옵션 중 골라 취업한 뒤에는 조직 내 경쟁이 시작됩니다. 승진을 위해 나를 갈아 넣으며, 조직 내 네트워킹을 위해 시간을 효율적으로 써야 하죠. 연차가 쌓이면 임원에 승부수를 겁니다.

그렇게 25년 정도를 달리다 보면, 어느덧 은퇴해야 하는 순간이 찾아옵니다. 문득 그런 생각이 들겠죠. 앞으로 무슨 일을 하며 먹고 살아야 하나. 하지만 그 답은 누구에게나 막연하게 느껴질 것입니다. 아직 오지 않은 미래니까요.

요즘은 기업에서 퇴직 교육을 자발적으로 시작하고 있

습니다. '퇴사 후 CEO플랜' 같은 타이틀을 통해 퇴직 후의 삶을 준비해 주고 있죠. 하지만 커리어 지도를 설계하는 중대한 교육을 너무 늦은 시기에 시작하는 건 아닌지 우려되기도 합니다.

사실 직업 선택에 대한 고민은 고등교육 때부터 시작하는 것이 바람직합니다. 그러나 대한민국 입시 현실에서는 어려운 문제죠. 그렇다고 본격 취업 레이스를 시작하는 대학에서 역시 그 답을 찾기가 쉽지 않습니다.

취직 후 책임자가 되는 7년 차쯤부터 진짜 고민이 시작됩니다. 다양한 실무 경험을 쌓는 사원, 대리 연차를 지나면, 직업과 일에 대한 나름의 객관적 시각을 가지게 되어서죠.

저 역시 4년 차 시절부터 다른 일을 해봐야겠다는 생각을 시작했습니다. 이직 후 일이 수월해지기도 해 딴 생각하기 좋은 시기였죠. 공간을 만들고 싶다는 막연한 생각으로 스터디 및 현장 조사를 다니곤 했습니다.

7년 차 즈음 되면 바쁜 일과 그렇지 않은 일을 조절할 여유가 생깁니다. 생각만 하던 것들을 실행에 옮기기 좋은 타이밍이었죠. 다른 사람들처럼 20년 이상 한결같이 회사를 위해 달리는 삶에 가치를 느낄 수 없었습니다. 직업과 일에 대한 새로운 시각을 원하게 되었죠.

일→ 직업→ 직장 순으로 생각해야 합니다

회사를 다니는 사람들은 가끔 직장과 직업, 일을 동일시하는 경향이 있습니다. 내가 좋아하는 일이 무엇인지 고민 없이 네임 밸류 따라 직장을 정하고, 직장에서 정해준 직업을 그대로 받아들이기 때문이죠.

하고 싶은 일을 제대로 찾기 위해서는 위 순서를 정반대로 뒤바꿔야 합니다. 직장이 상위로 내 인생의 결정권자가 되는 걸 막아야 하죠. 직장은 시스템을 갖춘, 조직이 기능하는 장소일 뿐입니다. 사고의 전환을 통해, 가장 자발적이고 능동적인 일의 관점을 우선해야 합니다.

그러나 취업 때 우리의 목표는 단지 좋은 직장에 들어가는 것, 그 하나로 수렴됩니다. 공무원, 변호사, 기자 같은 특정 직업이 목표가 되기도 하죠. 나에게 일의 의미가 무엇인지 생각해볼 겨를은 전혀 없습니다.

저 또한 관심도 없던 광고 일을 23살에 시작했었죠. 아르바이트로 시작했다가 정규직으로 취업한 케이스였고, 비교적 쉽게 얻은 일자리라 처음엔 그저 좋았습니다. 하지만 숨 가쁘게 5년 이상 달리고 나니, 어느 순간 깨닫게 되었죠.

'아, 어느 직장인지 어떤 직업인지 관계없이 좋아하지 않는 일을 한다는 건 정말 끔찍하구나.'

사실 바람직한 흐름은 좋아하거나 잘하는 일을 찾고, 이에 걸맞은 직업을 정한 뒤, 가장 잘 활용할 직장을 선택하는 것입니다. 하지만 우리에게는 이 세 단어가 뒤죽박죽 섞여 있다 보니, 각자가 혼란을 겪을 수밖에 없습니다.

남들이 부러워하는 직장을 다니지만 전혀 행복하지 않다거나, 좋아하는 일 대신 연봉을 선택해 미련이 남는다거나, 재미있는 일이 무엇일까 고민하며 계속 직장을 옮긴다거나 하는 사례들이 그래서 발생하는 것이죠. 저 또한 그런 자각의 순간을 피해갈 수 없었습니다. 23살에 시작한 직장 생활은 그렇게 31살에 종지부를 찍게 됩니다.

고민의 패턴을 뒤바꿀 'WAS-IS' 분석

저는 일을 선택하는 패턴을 바꿔보기로 합니다. 직장, 직업, 일의 패턴을 뒤집은 거죠.

과거(WAS)에는 이랬습니다.

① **직장을 정한다.**(연봉 등 조건이 괜찮을 법한, 다른 사람에게 쪽팔리지 않은 곳)

→ 광고회사

② **직업을 정의한다.**(명함에 찍히는)

→ 광고 기획자, AE

③ **하고 싶은 일을 생각한다.**(회사에서 주어지는, 수동적인 일)

→ 특정 프로젝트

이제는(IS) 이렇게 바꿔봤습니다.

① 하고 싶은 일을 생각한다.

② 직업을 정의한다.

③ 직장을 정한다.

WAS(과거)

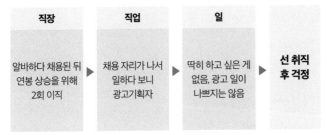

직장	직업	일	
알바하다 채용된 뒤 연봉 상승을 위해 2회 이직	채용 자리가 나서 일하다 보니 광고기획자	딱히 하고 싶은 게 없음, 광고 일이 나쁘지는 않음	**선 취직 후 걱정**

IS(현재)

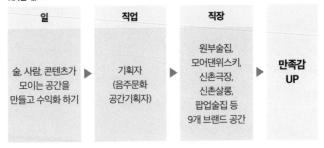

일	직업	직장	
술, 사람, 콘텐츠가 모이는 공간을 만들고 수익화 하기	기획자 (음주문화 공간기획자)	원부술집, 모어댄위스키, 신촌극장, 신촌살롱, 팝업술집 등 9개 브랜드 공간	**만족감 UP**

원부연의 일에 대한 WAS-IS 분석.

패턴을 바꾼 뒤 저는 어떻게 달라졌을까요? 언뜻 큰 차이 없어 보이지만 개인적으로는 놀라운 변화였습니다. 앞의 표가 그 차이를 정리한 것입니다.

많은 직장인들은 원부연의 'WAS' 파트와 크게 다르지 않을 것입니다. 물론 이 패턴이 큰 문제가 되는 것도 아니고요. 그 안에서도 나름의 가치를 찾고 성장의 기쁨을 누리며, 나아갈 방향을 찾을 수도 있습니다.

하지만 원부연의 'IS'를 정리하며 깨달은 것은, 좋아하는 일에서 직업, 직장을 정의 내리는 과정, 그 자체의 소중함이었습니다. 별거 아닌 것 같지만 개인에게 이 과정은 두 가지 측면에서 성취감을 선사했죠.

첫 번째로, 일의 주체가 회사가 아닌 '나'에게서부터 시작됩니다. 좋아하면서 동시에 잘할 수 있는 일을 하다 보면 최종 결정권 역시 내가 쥐게 되는데요. 누구의 컨펌도, 보고를 위한 보고 등 비효율적 절차도 필요가 없어집니다.

두 번째는 원부연의 'IS'에서는 내가 그 일을 그만하고 싶을 때 그만둘 시기를 정할 수 있습니다. 회사에서의 나는 회사가 그만두라 할 때 일을 멈춰야 합니다. 하지만 내 구역에서는 나이 상관없이 멈출 수 있는 권한을 내가 가지게 되죠. 물론 이런 생각도 들 것입니다.

"내 일을 하면 회사 다닐 때만큼 돈을 못 벌 수도 있잖아요."

"사업을 하면 실패할 확률도 높지 않을까요?"

"아무리 생각해도 좋아하는 일이 딱히 없어요."

"저는 지금 다니는 회사만으로도 충분히 즐거운 거 같아요."

언제든 던질 수 있는 의구심입니다. 단지 저의 사례일 뿐 누구나 이런 방식이 옳다고 할 수도 없고요. 하지만 지금 뭔가 문제가 느껴진다면, 답을 찾기 위한 행동을 시작해야 한다는 것입니다.

다시 '1,100억 원 질문'으로 돌아가 보겠습니다. 'WAS-IS'를 생각해보셨다면, 1,100억 원에 대해서도 처음과는 답이 달라지지 않았을까 생각합니다. 좋아하는 일이 무엇인지 정확히 알았다면, 미래의 삶에도 일과 함께할 테니요. 이선용 대표님은 이렇게 말씀하시더군요.

"우리에게 일어나는 미래의 일은 대부분 현재에 생겨나요. 현재에 있는 내가 나의 내일을 결정하죠. 나의 지금은 나만 통제할 수 있어요. 그래서 1,100억 원이 생겼을 때 뭘 할 거냐는 질문은 생각보다 꽤 의미 있는 가정일 수 있습니다. 지금의 나를 설명해주니까요."

'1,100억 원 질문'에서 가장 인상적이었던 영주 씨의 답변을 마지막으로 소개합니다. 옆의 표가 질문에 대해 실제 영주 씨가 제출한 답변입니다. 하고 싶은 부동산 일을 바탕으로 매우 구체적으로 미래에 대한 계획을 작성했습니다.

영주 씨는 회사에 다니다 부동산에 관한 관심을 조금씩 가지게 되었습니다. 실전 연습을 위해 아파트 3개를 갭투자로 구매하며, 좋아하는 부동산 일을 업으로 할 수 있을지 고민하기 시작했다고요. 그리고 얼마 전, 제대로 해보자는 포부를 밝히며 부동산 법인을 설립했습니다. 설립한 날짜

럭키머니	110,000,000,000					

1. 노후보장	1년 필요금액	사용 금액	남은 잔액			
나 60세~100세까지 한달에 1000만원 수령 연금보험 가입	120,000,000	4,800,000,000	105,200,000,000			
부모님 60세~100세까지 한달에 1000만원 수령 연금보험 가입	120,000,000	4,800,000,000	100,400,000,000			
언니 60세~100세까지 한달에 1000만원 수령 연금보험 가입	120,000,000	4,800,000,000	95,600,000,000			
가족들 노후보장에 필요한 총합		14,400,000,000				

2. 법인 및 개인명의로 부동산 투자			투자예상금액	남은 잔액	목표투자수익률	플러스 금액
강남 재건축 아파트 - 가족들 개인명의 + 법인명의			10,000,000,000	85,600,000,000	100%	10,000,000,000
용산 상가주택 및 상가(대출끼고 대지지분 많은 걸로) - 법인명의			10,000,000,000	75,600,000,000	200%	20,000,000,000
여의도 재건축 아파트 - 가족들 개인명의 + 법인명의			10,000,000,000	65,600,000,000	100%	10,000,000,000
삼성역 빌딩(대출끼고) - 법인명의			10,000,000,000	55,600,000,000	200%	20,000,000,000
					합계	60,000,000,000

3. 다른 나라에서 1년씩 살아보기	1년 필요금액	20회	남은 잔액			
여행하면서 행복하게 살기	300,000,000	6,000,000,000	49,600,000,000			

4. 하고 싶은 거 다 해보기			투자예상금액	남은 잔액	목표투자수익률	플러스 금액
카페사업(마카롱, 커피, 디저트 등등)			500,000,000	49,100,000,000	100%	500,000,000
부동산 컨설팅 사업			10,000,000,000	39,100,000,000	500%	50,000,000,000
해외 부동산 투자			10,000,000,000	29,100,000,000	200%	20,000,000,000
미국 배당주 주식 투자			500,000,000	28,600,000,000	10%	50,000,000
세계여행하면서 본 사업아이템 국내에 해보기			20,000,000,000	8,600,000,000	300%	60,000,000,000
남은 금액 연 5% 이상 신탁 운용 or 원금보장 ELB DLB 가입			8,600,000,000	0	5%	430,000,000
					합계	130,980,000,000

총 사용금액	투자수익금액	수익률				
110,000,000,000	190,980,000,000	174%				

'1,100억 원이 있다면 일을 하겠는가'에 대한 영주 씨의 답변

를 기념하며 생일파티까지 했고요.

이러다 보니 그녀의 일에 관한 관심이 자연스레 답변에도 드러난 것입니다. 막연히 비싼 부동산을 구입하겠다는 것과는 다른 시각이었죠.

1,100억 원은 몇 년 전 유럽에서 우리 돈 3,300억 원에 해당하는 로또에 외국인이 당첨되었다는 내용의 뉴스가 떠올라 생각해낸 이선용 대표의 질문입니다. 당신에게 1,100억 원이 생긴다면, 거기에서 일이 차지하는 비중은 얼마나 될까요? 돈만 있는 삶도 충분할까요? 각자가 나만의 답을 찾아가 보길 바랍니다. 터무니없어 보여도 대답하기엔 쉽지 않은 질문이니까요.

03

두 번째 밥벌이 실전 준비 ②
_나를 철저히 뽀개기

"정답도 정해진 길도 없지만,

시도와 실패의 경험이 나를 성장시킨다는 건 분명합니다."

철저한 분석에도 때로는 실패합니다

앞서 자기 자신을 객관화해보는 방법으로 프레임워크를 잠깐 소개했습니다. 이번에는 그 이야기를 조금 더 자세히 해보려고 합니다.

내 삶에, 내 일에 프레임워크를 적용해본 경험은 저 역시 드뭅니다. 2017년 여름, 홍대에 네 번째 공간인 '하루키 술집'을 오픈하면서 경영 툴을 이용한 분석(가장 일반적인 SWOT)을 최초로 사용해보게 되었죠.

분석 툴을 사용하게 된 계기는, 그 전까지는 공간들을 즉흥적으로, 감각적으로, 입맛대로 열었다는 점에 대한 반성 때문이었습니다. 그래서 이 공간만큼은 객관적 기준과 지표를 가지고 준비해보자는 취지로 시작해보았죠.

조금 더 의미 있게, 조금 더 심도 있게 공간을 만들어보자는 시도는 아쉽게도 2년 만에 실패로 끝났습니다. 결국 손님들이 좋아하는 공간으로 러브마크를 찍는 데 실패한 게 가장 큰 이유가 아니었을까 싶어요.

많은 시간 고민해 만든 공간이 실패한 경우는 처음이었습니다. 당황스럽기도, 부끄럽기도 했죠. 하지만 결과가 실패했다고 과정 자체가 의미 없었던 건 아닙니다. 넥스트 스텝을 더 냉정한 시선으로 바라보게 되었죠.

수많은 기업들도 몇 년간 연구개발 및 마케팅 전략을 짜며 시장에 제품을 내놓지만, 실패하는 사례가 허다합니다. 어마어마한 비용을 들여 소비자 커뮤니케이션을 하지만 기억조차 안 나는 브랜드도 비일비재하고요.

SWOT 분석을 잘한다고 성공하는 것도, 잘못한다고 실패하는 것도 아닙니다. 생각지 못한 시장과 소비자의 새로운 상관관계 등 변수는 늘 존재하죠. 분명한 건 실패의 과

강점 Strength	기회 Opportunity
- '하루키' 잘 알려진 친숙한 단어 - 작가를 좋아하는 사람이 많다 - 다양한 콘텐츠 활용 가능 　(술, 사진, 여행, 소설, 음악 등)	- 하루키가 가진 다양한 분야 연계 - 팬들이 만드는 2차 콘텐츠 활용 　(기회의 포인트) 　Ex. 하루키가 내 부엌으로 걸어 들어 　왔다
약점 Weakness	**위협 Threat**
- 다소 '아재스러움', 어린 친구들은 모름 - 잰 채 하는 느낌 　(문학, 독서 소재 자체가 그럴 수 있음) - 신선하지 않은 단어	- SNS 유입층에게 매력적이지 않을 수 　도 있음 - 성별, 세대별 호불호가 갈림 - 대체로 하루키에 대한 지식 부족 - 인근 하루키 콘셉트 공간 존재

'하루키술집' SWOT 분석

정을 통해 <u>스스로</u> 나아가고 성장하는 법을 찾아가냐는 것
입니다.

　프레임워크를 통한 연구에도 '하루키술집'이 종국에는
실패한 경험을 통해 깨달은 건, 그 공간을 기획한 '나'에게
더 집중할 시간이 필요하다는 것이었습니다. 나에 대한 프
레임워크가 선행되어야 일에 대한 확장도 가능함을 깨달
았죠.

프레임워크의 기본, SWOT 분석

SWOT은 가장 대표적인 경영학 분석 툴입니다. 기업의 내부 환경과 외부 환경을 분석하여 강점(Strength), 약점(Weakness), 기회(Opportunity), 위협(Threat) 요인을 규정하는 기법으로 알려져 있죠.

이는 브랜드(기업 혹은 제품) 내부 환경을 분석해 강점과 약점을 찾아내고, 외부 환경 분석을 통해 기회와 위협 요소를 찾아보는 과정 전반을 의미합니다. 외부로의 기회는 최대한 살리고 위협은 피하며, 자신의 강점은 활용하되 약점을 보완하는 것이죠.

사실 대다수의 컨설팅, 마케팅 회사에서는 각자만의 분석 툴을 개발해 활용하고 있습니다. SWOT 만으로 찾기 어려운, 복잡한 요인들이 많아져서죠. 나름의 매트릭스 기법들을 고안해 다양하게 해결책을 찾고 있습니다.

그럼에도 SWOT분석이 중요한 이유는 프레임워크의 훈련에 유용하기 때문입니다. 기업이나 브랜드, 제품을 제대로 분석하기 위한 논리적 사고력을 갖추는 기초 틀로 적합

해서죠. 검증된 툴로 사고를 구체화하는 훈련은 매우 중요합니다. 이 과정이 있어야 여러 복잡한 매트릭스 전략으로의 확장도 가능한 이유입니다.

프레임워크를 통해 나를 객관화하는 방법으로, '나를 SWOT분석 해보기'를 제시합니다. 나를 브랜드로 분석해보는 과정은, 나를 알아야 나만의 직업 정체성을 찾을 수 있다는 측면에서도 유의미한 작업이 될 것입니다.

SWOT 분석, 3단계로 확장하기

브랜드와 마찬가지로 나를 분석하는 데도 3단계 과정이 필요합니다.

첫 번째, 가장 기초 단계인 '개별 분석하기'. 내부 환경과 외부 환경을 고려하되 SWOT, 네 파트를 자유롭게 작성하는 단계입니다. 경험했던 다양한 재료를 찾아 최대한 구체화합니다. 여기까지는 너무나 쉬운 일반 과정입니다. 두 번째 단계부터가 진짜 시작이죠.

	기회 (외부적, 긍정적 요소)	위협 (외부적, 부정적 요소)
강점 (내부적, 긍정적 요소)	강점-기회(SO)전략 당신이 정의한 기회를 극대화해줄 수 있는 강점은 무엇인가?	강점-위협(ST)전략 자신이 정의한 위협을 최소화할 수 있는 강점은 무엇인가?
약점 (내부적, 부정적 요소)	약점-기회(WO)전략 당신이 정의한 기회를 활용해 약점을 최소화할 수 있는 방법은 무엇인가?	약점-위협(WT)전략 당신이 정의한 위협을 피하기 위해 약점을 어떻게 최소화할 수 있나?

SWOT을 이용한 개인 분석 1단계, 2단계, 3단계 정리.

두 번째는 '믹스(Mix)를 해보는 과정'입니다. 내부 환경과 외부 환경을 '2×2 믹스' 하는 것입니다. '강점-기회(SO)', '강점-위기(ST)', '약점-기회(WO)', '약점-위기(WT)', 다시 4가지 전략으로 만들어 보는 것이죠.

단순히 강점과 약점을 파악하고 외부 환경에 관해서만 기술한다면, 이는 반쪽짜리 분석입니다. 2단계를 통해 한 번 더 나아가야 합니다.

마지막으로 세 번째 단계, '2×2 믹스'를 통해 정리된 내용을 어떻게 발전시킬 것인지, 즉 '이동 전략'을 수립하는 단계입니다.

실제 사례로 응용해 보겠습니다

개념적으로는 이해가 되지만 이를 어떻게 접목하면 좋을지 막막할 수 있습니다. 특히 내가 소재라면 더욱 어려울 수 있죠. 수십 년 이상 살아온 나의 이야기를 한 번에 정리하고 믹스하며 분석해본다는 건 꽤나 복잡한 일입니다.

하지만 그만큼, 한 번쯤 꼭 해볼 필요가 있다는 생각도 들었습니다. '나의 인생=브랜드'의 관점으로 고민해본다면 의미 있는 대답들을 찾을 수 있기 때문이죠.

실제 예를 통해 같이 만들어볼까요? 스터디에 참가했던 지현 씨의 답변을 적용해 보겠습니다.

먼저 지현 씨에 관해 간단히 소개하면, 미국에서 박사 과정 중 귀국, 외국계 HR컨설팅 회사에서 커리어를 시작했습니다. 2년 정도 근무 후 이직한 곳은 스타트업이었죠. 현재 신사업 팀에서 커리어를 쌓는 중이라고 하는데요. 공부에 대한 욕심과 커리어에 대한 의욕이 높습니다. 아직 3년 차라는 짧은 경력이지만, 열정만큼 고민도 많다고 합니다.

다음은 그녀가 직접 자신을 분석한 SWOT입니다.

강점 Strength

끈기. 무언가를 한 번 붙들면 끝까지 해내고야 마는 엄청난 집착과 끈기가 강합니다. 모르는 게 있으면 논문이든 책이든 기사든 뭐든 뒤져서라도 빠르게 배우고 내 것으로 만들어 터득하고, 포기하지 않고 끝까지 해내고자 합니다. 요즘 말로 한다면 끝까지 버틴다는 의미의 '존버'라고 할 수 있을 것 같아요. 어찌 보면 '오기'로 맡은 바를 다 해내고야 마는 끈기가 강한 것이 강점입니다.

약점 Weakness

위의 강점과 연결될 수 있겠는데, 그로 인해 오는 스트레스 레벨이 너무 큽니다. 나에게 주어진 무언가를, 해야 하는 무언가를 단순히 '끝내기만' 하는 것이 아니라, 누가 봐도 인정할 만큼 '완벽하게' 해내는 것을 목표로 하기에 이로 인해 스트레스가 옵니다. '할 수 있다'고 생각하는 동시에 한편으로 스스로에 대해(능력에 대해서도) 늘 의구심을 갖습

니다. 과도한 스트레스에 잠식되지 않도록 운동도 하고 취미생활도 하며 완화하는 방법을 터득하고 있습니다. 운동하면 아무 생각 없이 땀흘리며 스트레스를 풀 수 있고, 취미생활을 하면 소소한 것이라도 실력이 쌓여가고 무언가를 이루어가는 과정을 겪는 것이 많이 도움이 되더라고요.

기회 Opportunity

지금까지 쌓아온 이력들이 기회를 만들어준다고 생각합니다. 현재 박사 과정 중퇴이기에 학교에 꽤 오랜 기간을 머물렀고, 중퇴 후 필드로 나올 때 이런 나의 백그라운드와 나이가 단점이 될 것이라는 걱정이 많았습니다. 하지만 다른 이들보다 상대적으로 많은 공부를 하고, 접했던 것들이 바탕이 되어 어떤 분야를 다루더라도 얕게나마 배경지식을 갖춘 상태에서 더 빠르게 배우고 터득할 수 있었고, 상이한 분야들을 융합하는 연계점을 찾는 데도 도움을 받고 있습니다. 아카데믹→ 컨설팅→ 스타트업 이렇게 분야를 점프하는 경로를 밟아가는 데에 있어 도움을 많이 받았다고 생각합니다.

위기 Threat

어찌 보면 이것도 기회와 연관될 수 있을 것 같습니다. 그동안 다양한 길을 걸어왔던 것이 외부에서 보기에는 너무 갈대같이 비칠 수 있을 것 같습니다. 나이와 경력을 봤을 때 꾸준히 전문성을 쌓기보다는 이도 저도 아닌 느낌이랄까요? 그래서 지금부터는 나만의 확실한 강점 무기를 쌓을 수 있도록 인생의 경로를 밟아가고 싶습니다.

어떤 내부, 외부 요인들이 있는지 감이 오시죠? 지현 씨처럼 보통 1단계까지는 시간만 있다면 금방 정리가 가능합니다. 하지만 여기서 그치지 않고 다음 단계로 나아가는 게 중요합니다. 이제 다소 복잡한 2단계, 2×2믹스를 작성할 차례입니다.

사실 복잡할 것 같은 2단계도 자세히 보면 동전의 앞, 뒤 같은 면이 존재합니다. 그럼 2단계 믹스를 통한 4가지 전략, 만들어볼까요?

옆의 표는 지현 씨가 작성한 답변을 바탕으로 재구성한 것입니다. 2단계까지 정리하니 지현 씨의 상황들을 보다 확장해서 볼 수 있었습니다. 동시에 해결해야 할 문제들도 1단계 때보다 명료해졌죠. 이를 바탕으로 3단계 이동 전략을 짜보겠습니다.

3단계 이동 전략은 보통 ST→SO, WO→SO, WT→ST, WT→WO, WT→SO 순으로 보완점을 찾아갑니다. 앞선 2단계 내용을 바탕으로 이동 전략을 활용해보겠습니다. 생각보다 다양한 솔루션이 나옵니다.

강점-기회(SO)	강점-위기(ST)
아카데믹-컨설팅-스타트업, 어떤 분야에도 빠르게 적응 가능	**다양한 분야에 대한 욕심으로 인한, 갈대 같은 커리어**
한번 붙들면 끝까지 해내고야 마는 엄청난 끈기와 오기로 맡은 바를 다 해냄. 상대적으로 많은 공부를 했고 (박사 과정), 덕분에 주어진 상황을 빠르게 터득할 수 있었으며 서로 다른 분야 간의 연계점을 찾는 데 탁월. 직업적으로 여러 분야를 넘나드는 경로에서 긍정적 영향을 미침.	여러 분야에 관심이 많아 모르는 게 있으면 논문, 책 등 방대한 자료에서 배우고 제 것으로 만들며, 포기하지 않는 성격. 박사 과정 중퇴뿐 아니라 다양한 길을 욕심내 걸어왔던 것이 외부에서 보기에는 너무 갈대 커리어로 보일 우려가 있음.
약점-기회(WO)	약점-위기(WT)
완벽주의에 대한 스트레스 나만의 스타일로 극복 방식 찾아야	**할 수 있다는 마음과 동시에 드는 의심, 이도저도 아닌 경력, 해결책 필요**
주어진 무언가를 단순히 '끝내기만' 하는 것이 아니라, '완벽하게' 해내야 하기에 스트레스가 매우 많음. 스트레스에 잠식되지 않도록 극복 방법을 터득하고 그간 쌓아온 이력을 활용해 기회를 만들어야 함.	'할 수 있다고'고 생각하는 동시에 자신의 능력에 대해 의구심을 가지며 이를 완화할 방법을 찾으려고 함. 나이와 경력을 봤을 때 꾸준히 전문성을 쌓았다고 하기엔 부족. 인생의 경로에 대한 해결책이 필요.

ST에서 SO로 가기 위해 활용할 점	- 현 패션 스타트업 신사업팀 경력을 빨리 포기하고 발빠른 적응력을 활용, 다른 업무 경력에 새로 도전. - 현업에서 장기적으로 해보고 싶은 아이템을 찾아 끈기와 오기를 무기삼아 책임자급으로 승진.
WO에서 SO로 가기 위해 활용할 점	- 지금껏 살아왔던 네트워크 활용. 내가 주최하는 새로운 주제의 네트워크 만들기. - 중단했던 박사 과정을 마무리 하는 등 자기계발을 우선으로 하는 워라밸 만들기.
WT에서 ST로 가기 위해 활용할 점	- 여러 분야에 대한 공부와 경험을 무기 삼아 강의, 세미나 등을 직접 열어 스스로의 능력을 검증해보기. - 하고 싶은 일이 많고 욕심이 많은 성격인 만큼 커리어 분야 별로 To do list를 세세하게 작성.
WT에서 WO로 가기 위해 활용할 점	- 완벽하게 해내야 하는 목표가 과연 무엇인지, 나의 직업에 대해 정의해보기. - 지금까지 해온 아카데믹-컨설팅-스타트업 분야의 장단점들을 비교하며 앞으로의 방향 설정.
WT에서 SO로 가기 위해 활용할 점	- 짧은 시간, 남들보다 오래 다양한 경험을 했다는 것 그 자체가 가장 강력한 무기. - 지금까지 했던 일을 정리해보고 현 성과와 앞으로의 가치관 정돈하기.

3단계 관전 포인트는 나만의 SO를 통해 WT를 극복할 방법을 찾는 것. 두 가지 요소만 활용해도 엄청난 시너지를 낼 수 있습니다. 깊이 있는 답변을 위해, 더 많은 나의 재료들을 찾을수록 과정은 더욱 풍성해질 것입니다.

포트폴리오 북 만들기
_두 번째 밥벌이를 위해 답해야 할 30개의 질문

SWOT분석에 이어 추천하고 싶은 방법은, '나만의 포트폴리오 북 만들기'입니다. 이는 지금껏 해왔던 일과 앞으로의 가치관에 대한 좋은 질문들에 답을 채워보는 것입니다. 각자의 재료를 찾는 데 많은 도움이 될 것입니다.

다음의 '나와 일에 대한 30가지 질문'에 답을 해보세요. 과거와 현재, 미래 시점에서 다양하게 고민하며 답을 찾아보는 과정을 통해 깊은 생각들을 얻을 수 있을 것입니다. 그리고 나만의 포트폴리오 북을 완성해보세요. 그렇게 남긴 자료는 다양한 고민을 안고 사는 나에게 가장 가치 있는 책으로 남지 않을까 생각합니다.

1. '나'에 대한 질문

① 나를 SWOT 분석 해본다면 어떤 결과가 나올까요?

② 나에게 성장이란 무엇인가요?

③ 나를 가장 잘 표현할 수 있는 열 개의 키워드를 뽑는다면 무엇이 있을까요?

④ 5년 전 나에게 하고 싶은 말은 무엇인가요?

⑤ 지금까지 나의 삶, 얼마나 성공적이었나요?

⑥ 나에게 가장 동기부여가 되는 일 혹은 시간은?

⑦ 최근 나에게 가장 특별한 경험은 무엇이었나요?

⑧ 내가 생각하는 나와 다른 사람이 보는 나는 어떤 차이가 있을까요?

⑨ 스스로 가장 칭찬해줄 만한 일은 무엇인가요?

⑩ 하루 중 가장 좋아하는 시간은 언제인가요?

⑪ 오늘 하루, 내가 해본 새로운 경험은 무엇인가요?

⑫ 혼자만 알고 싶은 나만의 아지트가 있나요?

⑬ 돈, 나이, 가족의 영향을 안 받는다면 가장 하고 싶은 나의 일은 무엇인가요?

⑭ 성장과 성공을 위해 노력하는 나만의 방식은 무엇인가요?

⑮ 내가 꿈꾸는 가장 이상적인 중년의 모습은 어떤가요?

2. '일'에 대한 질문

① 어떤 모습이 당신에게 성공인가요?

② 한 단어로 정의내릴 수 있는 내 직업은 무엇인가요? (Ex. 기획자, 에디터)

③ 일에 매너리즘을 느낄 때 어떻게 행동하나요?

④ 드라마 속, 정말 멋있게 일한다고 느꼈던 캐릭터와 이유는 무엇인가요? (Ex. 〈보좌관〉 속 이정재)

⑤ 지금 일 때문에 힘들다면 가장 개선하고 싶은 부분은 구체적으로 무엇인가요?

⑥ 지금 하고 있는 일이 5년 뒤, 어떤 가치가 있을까요?

⑦ 직장을 선택할 때 중요하게 보는 사항은 무엇인가요?

⑧ 나는 어떤 리더가 될 수 있을까요?

⑨ 오늘이 내 인생 마지막 날이라면 지금의 일을 할 것인가요?

⑩ 커리어에 있어 요즘 하는 고민은 무엇인가요?

⑪ 당신은 어떤 동료인가요?

⑫ 지금 일을 당장 그만둔다면, 어떻게 시간을 보낼까요?

⑬ 당신이 만났던 최고의 보스는 누구였나요?

⑭ 나는 왜 일을 한다고 생각하나요?

⑮ 궁극적으로, 당신의 꿈은 무엇인가요?

새로운 커리어의 길, 이제부터 시작입니다

"개개인의 성향과 관심사가 모두 다르듯, 커리어 또한 다를 수밖에 없습니다."

앞으로 뭐하실 거예요?

두 번째 책《회사 다닐 때보다 괜찮습니다》출판 후, 앞으로 무엇을 할 거냐는 질문을 많이 들었습니다. 이렇게 많은 일을 해왔고, 지금도 하고 있는데 앞으로 또 뭘 할거냐니. 처음 질문을 들었을 때 의아했습니다.

여러 공간을 오픈하고, 다양한 브랜드를 시도하고, 책을 내고, 방송에 나오고, 강의를 하면서 그다음 스텝을 고민해보지 않은 건 아닙니다. 다만 정교하게 비즈니스 플랜을 세워본 적은 없었죠.

그런데 많은 분들께 질문을 받다 보니, 이제는 뭔가 필요하다는 생각이 들었습니다. 지금까지 즉흥적으로, 재미있을 것 같아, 해보고 싶어 했던 일들을 이제는 체계적으로 해봐야겠다는 생각을 했죠.

퇴사하고, 원하는 창업을 했다고 진로 고민이 끝나는 건 아닙니다. 구체적인 다음 스텝이 필요한 건 직장인 시절이나 지금이나 마찬가지입니다. 퇴사와 창업이라는 고민을 해치우고 나면, 직업 정체성에 대한 고민이 찾아오고, 이것 또한 해결하고 나면 또 다른 과제에 직면합니다.

'어떻게 성장할 것인가?'

직업 정체성 찾기에 3년이란 시간을 보낸 후, '어떻게 성장할 것인가?'에 대한 해답 찾기도 어느덧 3년 차. 올해 하반기 목표를 성장에 대한 방법론 찾기로 정할 정도였습니다.

사실 회사 내에서의 성장이란 비교적 명확합니다. 때에 맞춰 승진하거나, 연차가 쌓이면 팀장과 임원 등 상위 직급을 목표로 나가면 되는 것이죠. 하지만 요즘엔 이런 식의 성장 루트에 회의감을 가진 분들이 많아졌습니다. 스스로 성장하지 못한 느낌이 들 때 퇴사를 고민하기도 합니다.

그런데 회사 밖에서의 성장 기준은 생각보다 모호합니다. 좋아하는 일, 하고 싶은 일을 하면서 성장을 추구한다는 것, 쉽지 않습니다. '어떻게 성장할 것인가?'에 대한 답을 찾고 싶지만 늘 어려운 지점이죠.

매출이 때론 지표가 될 수도 있습니다. 하지만 숫자라는 게 내가 노력한 만큼 정비례로 나타나는 것도 아닙니다. 앞만 보며 미친 듯 달려가도 떨어질 수 있고 예상치 못한 지점에서 터지기도 하는, 한마디로 예측 불가능의 영역입니다.

그럼에도 분명한 건, 매출이 성장이나 성공의 기준이 될수는 없다는 점입니다. 일을 선택하는 데 연봉이 전부가 아니듯 말이죠.

창업을 하든, 이직을 하든 언제고 고민의 순간은 찾아오기 마련입니다. 누구에게나 '내가 어떤 일을 하며 성장할것인가?'에 대한 커리어의 길은 항상 고민스러운 문제입니다. '사이드잡'이라는 화두를 던지며 시작한 책이지만, 결국 이 단어는 좋은 커리어를 만들고 성장하기 위한 수단일뿐입니다. 방향을 찾기 위해 활용해야 할 재료일 뿐이죠.

두 번째 밥벌이의 키포인트는 '행동과 시간'이었습니다

다섯 명의 사례를 보며 "나는 저렇게 못하겠다.", "사이드잡은 특별한 누군가만 하는 거야." 라고 생각할 수 있습니다. 하지만 두 번째 밥벌이를 먼저 시작한 저희들 역시 특별한 사람들이 아니라 여러분처럼 치열하게 커리어 고민을 하던 사람들이었습니다.

다만 조금 더 이른 시기에 조금 더 일찍, 그 시작을 했을 뿐입니다. 특별하거나 남다른 재능이 있어 자신 있게 출사표를 던진 사람은 아무도 없었습니다. 다만 '사이드잡'을 통해 과연 잘할 수 있을지 신중하게 테스트해봤을 뿐입니다.

딱 두 가지 요소로 지금의 자리가 다르다는 것을 알게 되었습니다. 바로, 이점이 키포인트지요. ①생각에 그치지 않고 행동으로 옮겼다는 것, ②하루 24시간이라는 시간을 최대한 활용했다는 것입니다.

술집을 하고 싶은 원부연 기획자는 단골술집 인수를,

박해욱 기자는 본업을 지키되 전략가로서 여러 가지 사이드잡 참여를,

이선용 대표는 은행을 다니며 스쿠버다이빙과 책(콘텐츠) 사업화 시도를,

어렸을 때부터 덕후였던 김홍익 대표는 명확한 관심사를 활용한 덕업일치를,

사업은 체질이 아니었고 대기업에서는 한계를 느낀 홍일한 이사는 도전적인 스타트업으로, 커리어의 터닝포인트를 맞이했습니다.

이들은 모두 하루 24시간을 정말 알차게 사용하는 사람들이었습니다. 회사에 다니며 사이드잡을 병행했던 이들의 하루 수면시간은 3시간 안팎이었어요. 홍일한 이사는 박사 과정을 위해 모든 주말의 시간을 쏟고 있었습니다. 김홍익 대표는 누가 시키지 않았음에도 해외 좋은 글을 밤낮으로 번역하고 있죠.

누구에게나 주어진 24시간이라는 시간을 이들은 정말 깨알같이 활용했습니다. 그리고 하고 싶은 일이 있다면 해봐야지라며, 생각에 그치지 않고 행동으로 옮겼습니다.

'아무 것도 하지 않으면, 아무 일도 일어나지 않는다.'

박해욱 기자가 말한 'A-Tips'에 있던 문장입니다. 이 한 문장이 모든 것을 말해준다고 생각합니다. 생각만으로 일어나는 건 결단코 아무것도 없기 때문이죠. 하고 싶던 일, 관심 가는 일, 해보고 싶은 일을 위해 오늘 24시간 중, 여러분은 몇 시간이나 쓰셨나요?

자신만의 답을 찾을 때입니다

개개인의 성향과 관심사가 모두 다르듯, 커리어 패스 또한 다를 수밖에 없습니다. 책을 통해 가장 전하고 싶었던 부분입니다. 먼저 도전한 연사들이라고 명확한 답을 내리며 오늘을 살아가고 있는 건 아닙니다. 다른 길을 일찍 걸었을 뿐, 각자의 미래를 찾아가는 여정 중인 사람들이죠. 다만 경험의 공유가 모두에게 큰 울림이 되길 바랄 뿐입니다.

사실 좋아하는 일을 한다는 것 자체가 삶에 엄청난 기쁨을 주지는 않습니다. 선택에는 책임이 따르고, 이 책임은 '하이 리스크, 하이 리턴(High Risk High Return)'과 같은 형식으로도 돌아올 수 있죠. 다만 좋아하는 일, 재미있는 일을 해야 조금 더 오랫동안 내 일을 할 수 있다는 점에는 모두가 공감할 수밖에 없었습니다.

아직 회사를 다니는 분들이라면 가끔(혹은 자주) 회사 밖 개인이 되는 순간을 꿈꿀 것입니다. 보다 자유롭게 나의 일과 미래를 주도해나가는 순간을 그리겠죠. 매력적인 개인의 미래를 위해 지금껏 무엇을 준비했는지 한 번쯤 생각해볼 때입니다.

커리어는 결국 개인이 만들어가고 책임지는 일련의 과정입니다. 사이드잡이라는 수단을 통해 잘 준비된, 꾸준히 노력한, 남다른 경험을 쌓은 개인일수록 이후의 커리어는 더욱 단단해질 것입니다.

개인의 시대, 개인들의 커리어

'지금 내가 할 수 있는 것들을 제대로 시작해보는 것.'

각자 꿈꾸는 길은 다르겠지만 모두가 공감할 포인트입니다. 평생직장은 사라졌지만 평생 직업을 가져야 하는 지금, 우리가 할 수 있는 가장 최선의 노력은 '무엇이든 시작해보는 것' 아닐까요.

시간은 한정적입니다. 최고 부자에게도 하루의 시간은

24시간뿐이죠. 시간은 스스로 하기 나름입니다. 준비된 개인이 되고 싶다면, 오늘부터 그 시작을 해야 합니다. 이제는 각자의 시간, 각자의 노력, 각자의 경험이 중요해지는 개인의 시대이기 때문입니다.

만화 속 시대라고만 생각한 2020년이 찾아왔습니다. 동시대를 살아가는 직장인들에게 어쩌면, 큰 변곡점이 될 시기지 않을까 싶습니다. 너무나 다채로운 변화의 시기, 그 한가운데 서 있기 때문이죠.

지금부터 변화의 시간, 그 시작입니다. 그동안 남들 따라, 남들 하는 대로, 남들 하는 만큼 살아왔다면 이제부터는 나만의 길을 새롭게 마련해 보세요.

각자의 길을 응원합니다.

저 역시 저만의 길을 걸어가는, 개인으로 돌아가겠습니다.

월급에서 자유롭고 싶은 당신을 위한 두 번째 밥벌이 가이드북

퇴사 말고, 사이드잡

초판 1쇄 발행 2020년 1월 13일
초판 3쇄 발행 2021년 12월 10일
지은이 원부연

펴낸이 민혜영
펴낸곳 (주)카시오페아 출판사
주소 서울시 마포구 월드컵로 14길 56, 2층
전화 02-303-5580 | **팩스** 02-2179-8768

홈페이지 www.cassiopeiabook.com | **전자우편** editor@cassiopeiabook.com
출판등록 2012년 12월 27일 제2014-000277호
책임편집 진다영 | **책임디자인** 고광표
편집 최유진, 위유나, 진다영, 공하연 | **디자인** 고광표, 최예슬
마케팅 허경아, 김철, 홍수연, 변승주

ISBN 979-11-88674-99-2 03190

이 도서의 국립중앙도서관 출판시도서목록 CIP은 서지정보유통지원시스템 홈페이지
(http://seoji.nl.go.kr와 국가자료공동목록시스템 http://www.nl.go.kr/kolisnet에서
이용하실 수 있습니다.
CIP제어번호: CIP2020000017